ランナーの笑顔を撮りつづけて
beyond the view finder

写真:キヤマナミ　アウトドア・フォトグラファー
聞き取り・写真：安田淳
編集：村松達也

【マラニック】夫婦岩での桜満開

10年前、とあるきっかけでランナーの写真を撮り始めた女性がいる。
「ランニングの世界」から 15 年前にはじまった備中高梁歴史街道マラニック。彼女はもう 10 年間この大会を撮り続けている。
苔や水を撮っていた彼女。ランナーと出会い、様々なランニングの写真を撮るようになり、今では OMM やオリエンテーリングにも参加するようになった女性「キヤマナミ」さんに聞いた。

【備中高梁歴史街道マラニック】
岡山県高梁市で 2010 年より開催。コロナ禍で一度は中止となったが、毎年４月半ばに開催されている。きっかけは「ランニングの世界」からの提案で始まった。

被写体がみんな笑顔―「ナミさーん！」って呼んでくれて、基本的に口が開いてます。

マラニックは、景色も季節もいいし、みなさん楽しみにして来ている感じがします。
大会っていうよりは、本当にピクニックに来てるような。初めての撮影がマラニックで良かったなと思いました。あそこで競ってる大会に行っていたら圧倒されて、「もう辞めた！」ってなっていたかもしれません。

【マラニック】夫婦岩まで４㎞で 400m の上りも最後

【マラニック】あと６km、疲れた

【マラニック】阿部山浄福寺

【歴史街道マラニック】夫婦岩地区のエイド

最初の大会は、高梁の歴史街道ウルトラマラニックだったんですけど、「すごい！こんな距離を走る人たちがいるんだ！」ってびっくりして、さらに、2〜3時間で終わるんものだと思ってたら1日中だったんですけど、ランナーさんが面白い方が多くて、とにかく楽しかったんです。

初めは1日で4,000枚とか撮ってました。でも、そのあとの処理が大変で大変で。今は1,000枚か多くても2,000枚くらいで、1日を終えることが出来るようになりました。

大会でランナーを撮るの最初は恥ずかしくて。木の陰とかに隠れて撮ってたんです。知らない人だから、「撮っていいのかな？」ってうろたえながら。でも撮影中も撮影後もみんなが声をかけてくれて、すごくみんないい人で、こっちも楽しいんです。

【マラニック】
自然のトンネル

【マラニック】上布賀から下る緑の道

ランナーさんたちカメラを向けるとすごく喜んでくれて。みんなの優しさが嬉しくて、「来年も来て」って言われて、「はいっ！」って毎年行っていたら、今度は違う大会にも写真撮りに来てって言われて。

トレイルランは難しいです。「今は光が全然ないんです」とか、「設定がちょっと違う」とか、こっちの都合でお願いもう一回来てって思ってしまいます（笑）最近は撮れた撮れないっていうのは、気にしないようにしています。基本的には、全員どこかで必ず写真を１枚撮るっていう感じです。

【FORESTRAIL】
ゴール！楽しかった！

【FORESTRAIL Hiruzen-Shinjo】
岡山県真庭市・新庄村で開催されている大会。積極的に自然保護環境問題に取り組んでいる。おかやまSDGsアワード 2023 受賞

【FORESTRAIL】
向こうの山まで行って帰る

【マラニック】大正期に開かれた道、今はランナーが通るのみ

【歴史街道マラニック】黒鳥地区の皆さん

<ランナーに一言>

ランナーさんはすごいなって、ただただ尊敬しています。本当に感謝の気持ちでいっぱいです、いつも笑顔を返してくれて、元気をもらえるし。

本当に、「ありがとうございます」と感謝の思いをみんなに贈りたいです。

私も頑張ろうって思います。

キヤマナミ（撮影：安田淳）

ランニングの世界 29

責任編集 山西哲郎

特集

多様なラン―あなたは？

ランニングの世界 29

特集

多様なランナーあなたは?

巻頭言

ランニング・スポーツの多様性の世界

山西哲郎　本誌編集主幹

生活生存のために動く

人類は立位で二足動物となって、手は自由に動かし、そして、二つの脚は大地を足で踏みつけながら自由に歩む。いろいろな動作を身につけながら、生活生存のためにいろいろな様式を創ってきた歩みは、今日の人間でも同じ過程を知ることができるのです。

ともかく、私たちが生きていく根源は動くことであり、それも手足、指の先まで解放的に、心地よい動きかたを脳にしっかり記憶をしています。

自分のために自由に動く

このことは18世紀のルソーの「エミール」を読んだとき、個人としての生き方はまず自らの手足を自由に動かすことから始まることを私は教えられました。

赤ちゃんが二足で立ち、手も動かす表情は解放され、誰しも自由な育みの始まりだと思えてくるはずです。やがて、子どもたちは一人で毎日のように野原を走り回ります。そこでルソーは競走や、褒められるから走るといったことではなく、自分が一番楽しい、気持ちがいいことを大事にすることをすすめました。

私自らを振り返ってみれば、いかなることがあっても楽しく走れることになったかは、小学校の頃から自然の田園を、みずから心地よく走っていたことが、大学の進学にまでつながっていった証だと気づきました。

手足は感性的な動きで心を醸し出す

先日、ある音楽家の方から「楽器は奏でる人だけにふさわしいものとなるように作るのです」と言われ驚きました。クラシックを聴いていると、その歌の言葉がわからなくても、その曲の流れなかで、言葉やストーリーが自分の中で感性によってつくられているように感じます。私はベートーヴェンが好きですが、かつてウイーンの森のベートーヴェンの家から、「田園」の曲を聞きながら歩いた時、森と一体化し、ハーモニーで心と体を造っているのだと教えられました。

走る文化の広がり

そこで、ギリシャ時代にアリストテレスの言った「人間の行為は最も多種多様だ」という言葉が浮かんできます。その多種多様が、歩く、走る動作で楽しい動きや触れ合いが連続的に行えることにより人間的社会を豊かにしてくれるのです。

つまり、人類は歩行や走行によって、時代と共に、移動や伝令、かけっこや競走、旅や巡礼などにもいろいろな遊びや技法を自らの体でつくり、身体による楽しい走る文化を創造させてきました。

近代になって走跳投といった人間の基礎的な運動は欧米など近代国家を中心にオリンピックが始まりました。ランニング競技は陸上競技場で行われスポーツの中心的種目になっています。

森のランニング

しかし1920年代、北欧では陸上競技場と同じ走路を走る固定されたランニングではなく、ファルトレーク（図1）に代表される森や林の自然の変化に富んだ起伏地を走る自由走と呼んだ方法を自然哲学者から教えられ、世界チャンピオンを生み出しました。

この方法によって、ランナーのフォームや、リズム、スピードも体が楽器のように生み出す感性豊かな多種多様な世界なのです。速さを競うランニングではなく、むしろ自然散策とすれば、もっと人間らしい自由さを感じることができるのです。

今日、ブームになってきた自然豊かな丘や、山並みを走るトレイルランなどは、さらに多様な地形を走ることによって楽しく走る感性と自然的な動きの技法がまさにその表れです。

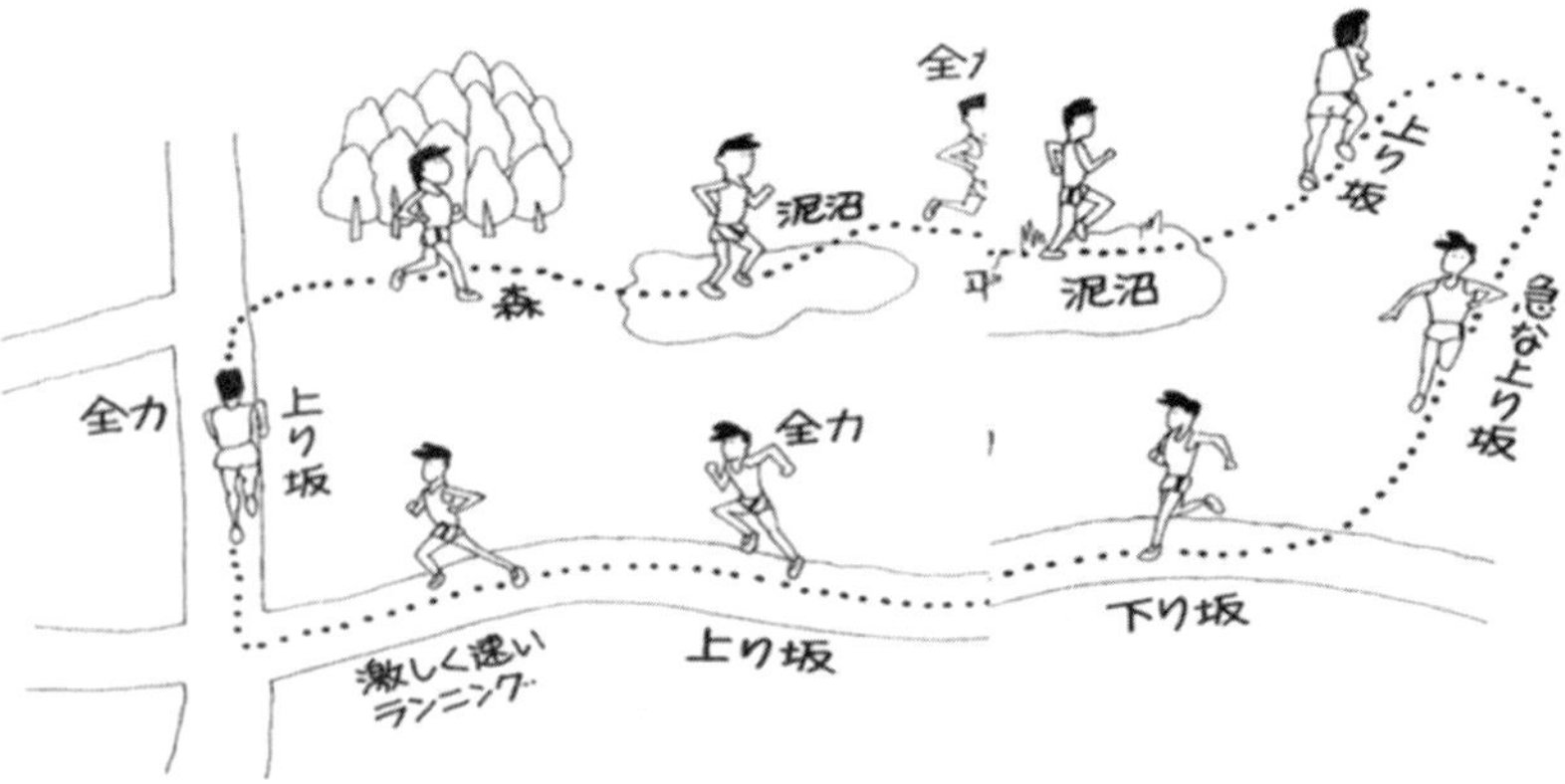

図１　ファルトレークの方法　この図は、高橋進氏がスウェーデンの川や湖に沿ったコースを見学して描いたものである。森の小道、湖の砂浜、坂道などを枠やノルマを押し付けず、束縛感もない自然のなかで、走る喜びをかみしめて走った。自由走とも呼ばれた。著者高橋進氏の承諾により収載。

再生のウォーキング、ジョギング、ランニング

１９６０年代ごろから機械文明の近代化によって運動不足の生活から、心臓疾患をはじめ多くの成人病が増え始めました。そこで、医科学者による研究によってウォーキング、ジョギングやランニングのような全身運動がその予防として認められ国家的対策になったのです。

［1．運動不足病対策の歩と走の組み合わせ］

運動処方としてのジョギング…体と心の融合するレベル

エアロビクス…生理的有酸素レベルを最大の40～60パーセントの負荷は心理的には「やや楽」の段階で、快適さを感じるレベル。

［2．硬いランニングではなく、柔らかいランニング、ウォーキング、マラニック］

記録や順位を目指して競走をする硬いランニングよりは、むしろ、日常生活の余暇を楽しみ、体の健康つ

くりから気晴らし的になる柔らかいランニングになってくるはず。その心が運動する人の心と体のイメージを変える。それがもっと多くの人と触れることができるのです。

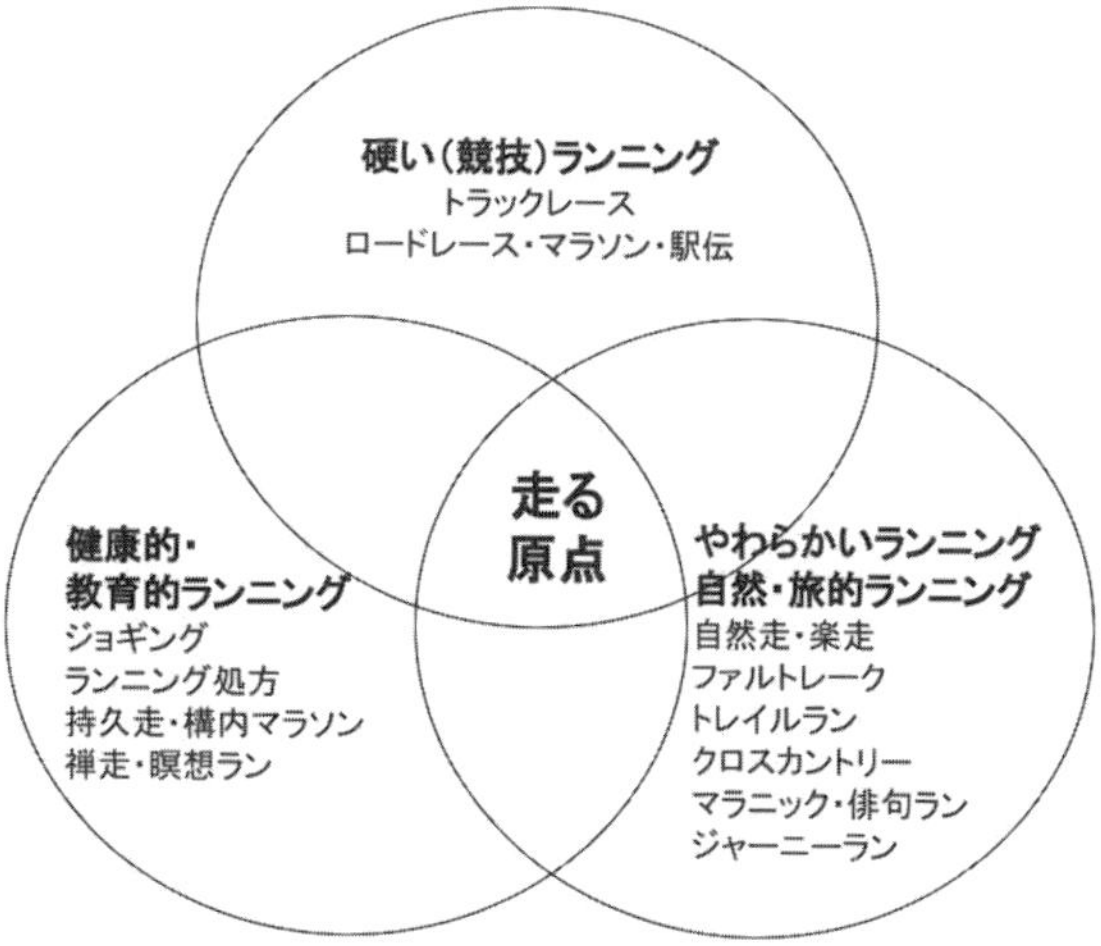

図２　ランニングの３つの世界

多種多様に走る市民共有のクラブ・大会つくり

１９７０年代から走ろう会やジョギングクラブといったクラブが市民でつくられ始めました。大会も市民ランニング愛好者のクラブと市町村の行政側が一体化して「健康マラソン」、「ランニング」、「ジョギング」といった名称をつけた手作りの大会が造られるのです。

そして中高年の男性ばかりか女性、障がい者も参加する。つまり、市民の自らの志向によって、日本各地のいろいろな大会が開催され、海外の大会にも関心を抱き出かけ始めたのです。

１９７３年には熊本で「遅いあなたが主役です」のキャッチフレーズで中高年対象のランニング大会が始まりました。

１９６７年には東京オリンピックの影響を受けて、若いアスリート育成のための青梅マラソンが１８２名で開催されましたが、10年後には中高年を中心に30倍の５５００名を超すほどの市民マラソンになってきました。

多様さを共有し融合するホノルルマラソン大会

１９７３年のボストンマラソンでは１５００名の参加者と共に心臓病のリハビリから立ち直った7人が完走しました。それに刺激を受けたハワイのジャック・スキャッフ医師は心臓病患者のリハビリをはじめ、一般市民の健康つくりやプレイとしてのランニングを目指した大会を立ち上げたのです。それは、11歳以上であれば年齢制限もゴールの時間制限もなく、自らにふさわしいスタイルで走り歩きを表現していく多様性に富んだホノルルマラソン大会でした。

１９７７年に、筆者が走友と初めて参加してみれば、幾千人が涼しい朝5時にスタート。トップランナーがゴールする頃は、やっと10㎞地点。走り、歩きながらすれ違いながら、互いに声援をする。車いすの人や盲人ランナーなども多く、まさにお祭り気分のホノルルマラソンは多種多様な人々がコースを走り歩く。そして、年齢も性別も問わない、障がい者もあらゆる老若男女がスマイルで声をかけながらゴールへと向かう。すべて融合してマラソンの概念をすっかり変えてしまう喜びがあるのです。やがて、日本から、小学生から90歳に至るまで毎年1万以上になるほどの人たちが参加するのです。

特別支援学校のホノルルマラソン修学旅行

そこで、学校生活のなかで、歩く走るによる健康と楽しみつくりを日常化して、その目標として、私が校長をやっていた特別支援学校の高等部の修学旅行としてこの大会に参加することにしたのです。

知的障がい、ダウン症、自閉症、心疾患、適応障害などの各生徒に対して個人の体力水準や健康状態に合わせて運動の強度、時間、頻度などに合わせた多様な走・歩・ストレッチの運動プログラムを作成し実施しました。

・個人のプログラム：知的障がい、ダウン症、自閉症、心疾患、適応障害などの各生徒に対して個人の体力水準や健康状態に合わせて運動の強度、時間、頻度などに合わせた多様な走・歩・ストレッチの運動プログラムを作成し実施する。

・方法：ロング・ジョギング（歩行＋走行を繰り返す）
・伴走：生徒一人一人に教員と大学生による伴走者をつけ、互いに語り合いながら。全員がゴールを目指すことにある。それには、長時間わたって継続する心身の困難を、体の言葉で対話したことも、走りを終えるとノートや運動日誌に記入し生徒と共有できる感性を持てるように努めたのです。
・対話：互いに声掛け・語り合い　他の人たちと声をかけ、スマイル。

歩行民族といわれていた我が国は豊かな感覚と言葉を持っています。そこで、障がい者にもラン・ウォークが適した運動として実践され、特別支援学校の生徒にとっても身体的にも心理的にも同様です。

障がいが社会的不利にならないようにする。それには能力不足の改善と社会的条件を改善することを前提にすることで、従来、創り上げてきたランニング文化を全うできるのです。

この学校の卒業生は30歳以上になっても、まだ走る大会にも出ている人も多いのです。

多様性ランニング…なぜ走るのか

われわれ人間は大地を離れられないが、心の自由と体の快感を見出して最古の時代から今日まで歩み、人生の道を創っている。その姿には、自他共に「なぜ、歩き、走っているのか」を問いただしたくなります。

そこで、最初に紹介したルソーの「自分が一番楽しい、気持ちがいいことを大事にすること」を再考したいのです。

私も今まで走り続けて来たのは、小、中学生の時の田園のあぜ道を心地よく走っていた自由走の経験がその基礎になっているからだと思っています。

「われわれ人間は大地を離れられないが、心の自由と体の快感を見出して最古の時代から今日まで歩み、人生の道を創っている。その姿には、いつも『なぜ、歩き、走っているのか』を問いただしたくなり、その答えに新しい走り、歩きが湧いてくるのです。」

対談

早野忠昭

（はやの　ただあき）
一般財団法人東京マラソン財団理事長
兼東京マラソンレースディレクター

多様性あふれる東京マラソンを創る

山西哲郎

（やまにし　てつろう）
本誌編集主幹

山西　早野さんは、東京マラソン財団理事長兼東京マラソンレースディレクターとして東京マラソン大会の発展に大きく貢献なさっておられます。かつて高校教師として陸上競技を指導なさっていましたが、若くしてアメリカに留学なさったのち現職の道に進まれました。異色の経歴かと思います。どのような経緯だったのでしょうか。

早野　大学を卒業してから8年間は母校でもある長崎県の口加高校で教員をしていました。陸上部の指導もしていましたが、私は熱心で情熱家というよりも器用なタイプで、指導も怒鳴ったりしないようなやり方だったのです。段々とそうした自分の器用さに溺れていくような気がしたことに加え、部活動には教育的効果よりも大会での結果を期待される状況もありましたので、こうした生活をこの後30年間も続けたくないな、といった気持ちが強くなっていきました。

それで30歳の時に思い切って教員を辞めてアメリカに飛び出し、ビザを取るためにコロラド大学に留学したのです。当時は子どもがまだ幼かったなどの事情などもあったのですが、そうしたものは全て振り払って行きました。

山西　なるほど。そうしたあなたの生き方には非常に興味を惹かれるものがあります。今日は大いにご自分を語っていただきたいですね。

早野　ありがとうございます。それでは私と東京マラソン大会との関係からお話ししましょう。私が東京マラソン財団に入ることになった一番の理由は、陸連主催のそれまでのマラソン大会と一線を画す大会を創ろうという大きな命題があり、そのためには海外で実際にそういった都市型大規模マラソンを身近に見てきた人間が必要だという考えのもとに私が求められたのだと理解しています。

山西　実際に大会の企画運営にかかわってどうでしたか？

早野　どんな世界でも同じだと思いますが、何かしら新しいことをやり始めるには障害を乗り越えることが必要になってくると思います。当時の国内のメジャーな大会は、どれもエリート選手だけで参加人数も限られていました。海外のメジャーなマラソン大会と較べるとずいぶんと見劣りする中で日本のマラソン大会は何が違うのか、どんな点が足りないのか、どうしたら追いつけるのか等々ついては、海外で実際に見てきた人間が中心になって準備を進めていく必要があると感じていました。

私は、参加するランナーにもスポンサーにもメリットの大きい大会に育てるため、一つにはスポンサーに向けて予算面で提案をし、もう一つには一人ひとりの参加者に向けて付加価値の提案をしました。

大会予算の大半は補助金や参加料ではなく企業からの協賛金で賄っています。東京マラソンの協賛金はアクティベーションといって、スポンサーになることによってその企業にどんなメリットが生まれるのかをきちんと説明し、理解や納得をしていただいた上で協賛してもらっているのです。こうした仕組みによって東京マラソンでは何十億円もの協賛金をいただいています。

アクティベーションというのは、例えば、ランニングするときにもおしゃれをしたいと思っている女性を念頭に、ランニング時に汗をかいても大丈夫な品質を持つイヤリングやピアスの商品開発をしてその広告をしたらどうですか、といった風にランニングと関連付けた提案をするわけです。そうすることによって、私たちの提案がスッと腑に落ちて受け入れていただけるわけです。

参加者に向けて付加価値を提案するアプローチは、フュージョンランニングです。融合させるという意味のフュージョンです。例えば、ビールが好きで若い女性にもてたいという気持ちもある男性ランナーを考えたとき、ランニングと自分の好きなものを融合させて独自のランニングの世界を創りあげていくのがフージョンランニングで、ビジネスプラットフォームを作るときに重要な要素になるんですね。

私たちがターゲットにしているのは、自分の生活の質を高めて個性豊かな生活を送りたいと考えているアッパーミドルの人々なのです。車を例に取ると、単に移動の手段として動けば充分という人と、その十倍もお金を出して高級外国車にこだわる人もいますよね。私たちのマーケティングとは、ランニング大会でこうして付加価値を生み出していくようなやり方なんです。

山西　今回の特集テーマはランニングの多様性ですが、ギリシャのアリストテレスは人間の行為は多種多様であると言っています。私は、１９７５年に初めてボストンマラソンに行ったときに、自分を競技者だと思っていたのでレースに集中しようとしたのですが、現地の参加者はレース中も結構おしゃべりをしたり、ゴールすると自分の着ていたランシャツを脱いでお前のものと取り替えてくれと言ってきたり。驚きましたが嬉しかったですね。大会をただ走るだけの対象として見るのではなく、そこに新たな価値を見出している。私の中でマラソンの観念が大きく変わった瞬間でした。

早野　実は、東京マラソンのロゴにあるたくさんの線の組み合わせは角度や色そして幅などがみんな違っていて、多様性を表現しています。この大会のコンセプト「東京がひとつになる日。」というフレーズは、ランナーの走る喜び、ボランティアや審判そして協賛企業として大会を支える誇り、沿道やテレビ観客の応援する喜びをすべて合わせて大会ができていることを表現しているんです。

それから大会Tシャツに書いてある「Tokyo, My Favorite place…」には、その後ろに自分の好きな言葉、例えばrunとかliveとかeatとかを入れてその人独自の東京を演出してほしいという願いがあるのです。また、東京レガシーハーフマラソン大会のポスターでは、パジャマ姿の女の子がソファーでポテトチップスを手に「初ハーフマラソン。走り切ったら、何かが変わる気がした。」と呟いています。私たちはランニングとは対極にあるようなこんなカウチポテトな人をも走らせたいんですよ。こ

れが私たちの目指す多様性あふれる東京マラソンなんです。

山西　私は日本の学校ではランニングなど体育の授業を男女別々に行うなど多様性に欠けたところがあるように感じています。私は教育者としてそういった状況を少しでも変えたいと思っているので、あなたみたいな方にいま話したようなことを各地の学校で講演して回ってほしいですよ。

早野　僕はもともと物書きになりたかったくらいですから、今日お話したようなことをいつも考えていて、大会では一人ひとりのランナーに注目することが重要だと考えています。どのランナーもフュージョンランニングを創って自分をよく見せたいという気持ちを持っています。それは人間が持つ本能といってもいいように思います。

　それともう一つ重要な視点が、マラソンの有森さんがフィニッシュ後に言って有名になった、「自分を褒めてあげたい」です。こうした自己承認欲求や自己防衛反応は生きるために必要な誰でもが持つ欲求や機能ですから、大会を通じてもこうした欲求に応えることは大切だと思います。

　フランスの社会学者カイヨワは、「遊びと人間」という本の中で人間の遊びを4つに分類しました。カイヨワの考えを参考にして人々の行動様式を知ることはマーケティングを考える時に重要です。

山西　以前、宇崎竜童さんのコンサートに呼ばれてランニング指導をしたことがあったのですが、私は何か楽しいことをやってくれと頼まれたのですね。それではということで、参加者に池の周りを走ってもらったら音楽を聴くより良い気分になったという人まで出てきたのですよ。こうした意外性って、とても大事だなと感じました。

早野　そうですね、僕も異業種の方との交流は重要だと感じています。実は人気音楽グループであるエグザイルさんが僕たちのために曲を作ってくれたのです。これは東京マラソンのブランド力アップに大きな効果があると思いますね。

ところでエグザイルのexileなど単語の頭にExの付く英単語、例えば、Extra, Exit, Exchange, ExcursionなどのExという言葉には「超えていく」とか「外へ出ていく」という意味があります。つまり、日々繰り返す日常生活を脱して時にはそれを超えて外へ出ていく非日常の時間や活動が欲しくなるんですね。英語ではExtraordinaryです。我々は誰でもこのExが付く経験をしたいと思っているのです。

ですから、我々は東京マラソンを皆さんがExしたい対象として考えてもらえるように様々な工夫を凝らしています。世界の6大マラソンの一つになったのもそうですし、チャリティでたくさんお金を集めることもそれなんです。東京マラソンを走った人がその経験を自慢できるような、多くのランナーにとって東京マラソンがプレミアムな存在となってほしいのです。こうした演出を点や線から面に広げながら誰にとっても憧れをもって参加してもらえるようなExの要素をもった大会にしたいと考えています。

山西　今日は東京マラソンの舞台裏や野心的なお話を聞かせていただき、大いに刺激された時間になりました。今後さらに東京マラソンがそのExの魅力を増やし、多くのランナーを引き付ける大会になって欲しいと思います。本日はありがとうございました。

100日間日本縦断の間に考えたこと

若岡拓也

走るってなんだろう。走りながら考えた。とても難しい問いに頭を悩ませる。

答えは出てこないが、それでよかった。むしろ、すぐに答えの出せる問題は面白くない。答えを出すまでの期間は、日本列島を縦断するまで。総距離は5000km近く、山々を越えていくから、ロードだけを走るよりも余計に時間がかかる。幸いなことに時間はたっぷりあった。

列島縦断に挑戦したのは、日本をひとつなぎにするロングトレイルをつくりたかったからだ。「日本列島大縦走」と名付けて山から山へと走り、1本の線にするべく、2023年7月に北海道・羅臼岳から走り出し、100日間かけて鹿児島・開聞岳まで駆け抜けた。

長い距離を走ることが好きなのだから、毎日が幸せな日々だった。朝起きて日が暮れるまで走る。初めて目にする景色、口にするもの、触れるもの、知ること、すべてを楽しんだ。

ずっと旅が続けばいいのになと思う反面、旅である以上は必ず終わりが来る。大縦走を始めて間もない頃に、そんなことをふと考えた。最後まで走り切ったその日を思うと、嬉しくもあり、寂しさも覚えた。

そして、旅だけでなく、自分の人生においても、いつの日か思うように走れなくなる日が来るのだと思いを馳せた。不確かなものではなく、旅と同じように確実に訪れる最後だ。

その日を迎えた時に、僕は今と同じように幸せを感じられるのだろうか。分からなかった。

走れなくなるというのはランナーにとって考えたく

ない最後だ。ロードランニング、トレイルランニングと分野を問わずに、競技として走るのであれば、時間の経過によって、どこかでパフォーマンスは頭打ちになり、維持するのが精一杯になり、そして衰えていく。避けられない運命だ。

衰えに抗うのか、受け入れるのか。どう折り合いをつけるのだろう。

これが走ることを真剣に考えるに至ったきっかけだった。

そもそも、走るとは何だろう。北海道のどこまでも続く直線道路で、歩くこととの違いを確かめつつ、走ることを実践する。走るというのは左右の足裏が浮いている瞬間があることだろう。

いや浮いていなくとも走っているのではないか。そんなふうに思い改めたのは、石狩山地の急登を歩いている時だった。

トレイルランニングの大会に出ると分かるのだが、極端に斜度のキツい登りでは、多くのランナーが歩いている。平地を走っている時よりも速度は遅いものの、心拍数はずっと高い状態でキープされていること

が少なくない。

急登と格闘して汗をしたたらせながら、これも走っているのだと、ふと思った。走っていないとは言わせない。なにせ、ジョギングよりも格段にキツいのだ。

辞書的な意味とは違うかもしれないが、「走る」というのは速く動くことだけでなく、もっと多面的で、自由なものなのかもしれない。

いったん意識しはじめると、走ることについて考えるのが日課になった。そして、毎日のように朝から晩まで走り、いくつもの山をたどるうちに、自分のやっていることは肉体を酷使しているようで、実のところ超長距離を走るのは知性と意志がなければできないと感じるようになった。

あまのじゃくなことを言いたいわけではない。もちろん、筋肉と心肺機能が優れているに越したことはない。ただ、それ以上に大切なものがあると言いたいだけだ。

痛みや不安、恐怖、走るのをやめる理由は山ほど湧いてくる。本能は体の痛みや幻覚、幻聴などを通じて、止まるように促してくる。その方が安全で、おだやかに過ごせるのだと。

にも関わらず、ランナーはなおも走る。苦しみの先にある何かのために、本能のささやきを振り切り進み続ける。狩りでも逃走でもなく、まったく別の目的のために走るという行為はとても人間的な営みである。

体の不調、連日の気温35度超え、強い雨風、自販機すらない40㎞の道のり。走るのをやめる理由はいくらでもつくれる。気持ちの揺らぎに対して、ひとつずつ走れる理由を提示していく。自分自身へのプレゼンテーションだ。

暑くて脱水症状があっても、過去に経験したことのある症状ならば、問題ないと判断できる。体の痛みは走ることに関係のない痛みであれば、痛いだけだ。致命傷ではないと暗示をかけて、そのまま継続して走れる。

本能とは関係のないところで、走ることに倦むこともある。そんな時は論理を用いて、走りたくない理由を潰していく。

超長距離を走っていると、「こんなことに意味はあるのか」と自問する場面に出くわすだろう。レースの

完走、踏破などの目標はあるにせよ、本来的には走らなくともよいのだから、真正面から考えると、意味はないという答えに行き着く。そして足を止めてしまう。

一見もっともらしい答えではある。走ること自体に意味はない。とはいえ、それで納得してしまうと、体力が残っていても、もう進むことはできない。

だから、走り続けるためには、自分自身でどうやって意義づけるのかが大切になってくる。自分自身の限界を超えたい。新しい自分をつくる。誰かに褒められたい、自慢したい。記録への挑戦。求めるものは何でもいい。

走り続けることに何らかの意味を見出すことに成功すれば、あとは簡単だ。

自分なりの意味を持てば、「意味はあるのか」という質問自体がなくなり、自身への問いかけは自ずと変わってくる。問われるのは「走りたいのか、あるいは走りたくないのか」に対する答えである。

ここまで流れができれば、走り続けることは簡単だ。多少のケガや不調など、さまざまな困難に見舞われても、結論は「走りたいから走る」に落とし込める。

やめようとする本能と理性のやりとり、自問自答がどれほど一般的なのかは分からないが、自分にとっては珍しいものではない。これが長い距離を走るために意志と知性が大切だと考える理由である。

ランニングは優れたコミュニケーションの方法でもある。縦断の旅の様子をSNSで投稿していたため、友人やその友人のランナーがルート上に現れ、1日の行程をすべて共にしてくれることもあった。タフな峠道、灼熱のアスファルト、延々と続く直線を走る。語らずとも、自らが体験しているのだからキツさはおのずと共有される。

同年代ながら敬愛する友人は、さりげなく一定のペースを保って、僕の後ろを走ってくれた。登り下り、舗装路、登山道と関係なく、同じリズムで歩みをともにしてくれた。意識的なのか、無意識なのかは分からないけれど、友人の人となりを理解するには十分だ。

初対面ながら並走してくれた方に、峠道を先行して引っ張ってくれる強さを見たし、汗だくになりながら弱音を吐かずに走り続ける人もいた。さまざまな局面で人となりが浮かび上がる。言葉を介さずとも相手を理解し、自分のことを理解してもらえるコミュニケーションなのだ。

走ること自体はとてもシンプルな行為だが、さまざまな側面を持っている。競技であり、健康づくり、移動手段、旅、コミュニケーション、あるいは瞑想のような精神修養。シンプルだからこそ、それぞれの求めるものに応じてランニングのあり方は変わる。これほど多様性に満ちたスポーツはほかにない。

しかし、走るための源はやはりシンプルだ。次の一歩を踏み出そうとする意志であり、旅を通じて知らない世界を知ろうとする好奇心や知性である。

100日間走りながら考えた末にたどりついた結論はとても単純で平凡だった。シンプルでいいのだと思う。走ることと同じである。

そして、結論と書いたものの、これはひとつの旅の終わりに考えたことでしかなく、次の旅ではまた違う考えに至るかもしれない。いい加減に思われるかもしれないが、それでいいのだと思う。こうした多様なあり方も走ることと同じだ。

多様なフィールドを駆け抜けるオリエンテーリング

寺垣内　航　日本オリエンテーリング協会アスリート委員長

私は四半世紀近くオリエンテーリングという競技に魅了され、走り続けてきました。

オリエンテーリングとは

地図とコンパスを用いて、森や街に設置されたいくつかのチェックポイント（オレンジと白色の三角柱状のコントロールフラッグ）をスタートから順番に通過し、フィニッシュまでの競技時間を競うナビゲーションスポーツです。ナビゲーションにはディジタルツール（GPS、スマホ等）は一切用いず、地図とコンパスのみを用い、各選手自分の力でナビゲーションを行う個人競技です。チェックポイント間は、基本的に自由にルートを決めて走ることができます。駅伝のように複数人のチームメンバーが、スタート、中継点、フィニッシュを同じ地点として、順番に繋いで総合タイムを競う「リレー」という団体競技はありますが、「リレー」競技においても、競技中は各選手個々で走ることになります。

常時ナビゲーションのため頭を使いながら走っており、競技終了後は心身共にエネルギーを使い果たします。スタート後に初めてコース地図を見ることができるため、地図を見て自分の進むルートを考える時間も競技時間として含みます。『『速く走ること』と『正確なナビゲーション』といった一見相反するものを両立

写真１　地図を読みながら走るオリエンテーリング（公園の芝生にて）

させること」、「自分で進むルートを決めること」がこの競技の奥深さです。

また、従来の森林部で開催するフォレスト・オリエンテーリングだけではなく、公園や街にて、より短い競技時間で開催するスプリント・オリエンテーリングの競技大会も普及しており、ワールドゲームズ（オリンピックに採用されていない競技種目の国際総合競技大会）やデフリンピック（耳の聞こえないアスリートのオリンピック）の競技ともなっています。

スキーやマウンテンバイクで移動するスキー・オリエンテーリング、マウンテンバイク・オリエンテーリング、読図と現地の解釈の精度を競う競技であるトレイル・オリエンテーリング（車椅子の競技者も参加可能）もあるため、「走るオリエンテーリング」をフット・オリエンテーリングと呼ぶこともあります。

多様なオリエンテーリングのフィールド

オリエンテーリングでは毎回異なるコース、多種多様なテレイン（地域や地形を意味し、オリエンテーリング競技を行うフィールドを指す言葉）、路面を走ります。大会では、年齢、性別、技能レベル等に応じて異なる距離、難易度のコースが用意されており、老若男女問わず、自分の体力、スキルに応じて楽しむことができる「生涯スポーツ」です。上級コースになると、道（トレイル）を走ることは少なくなり、文字通り「道なき道」を進む区間が多くなります。見通し、足場が良い林を走ることもありますが、時に藪を掻き分け、小川を飛び越え、崖をよじ登り、湿地に足を取られ、濡れた落葉に足を滑らせ、岩と岩の間を潜り抜けることもあり、アドベンチャー感満載です。

そして、各国、地域で異なるテレインを楽しめます。斜度がきつく、開けたガレ場の岩々した路面が続くイタリアのアルプス山脈中腹、田んぼを走っているような湿原地帯とふかふかクッションのベリーの茂みが広がる森と湖の国フィンランド、蟻地獄のような大きな凹地が散在するスロヴァキアのカルスト地形、たくさんのカンガルーが存在するオーストラリアのナショナルパーク、砂浜、砂防林で構成されるニュージーランドの海岸地帯、たくさんの岩と乾燥した地面、固い藪からなるスペインのテレイン、複雑な微地形で構成された日本の富士の樹海。毎回異なるコースを走る新鮮感、大自然と対峙して走る開放感、平地や硬い路面だけではなく様々な路面、上り下りを走るため、多様な体の使い方をするのがオリエンテーリングの魅力

写真２　下草が生えるも見通しの良い林の例

です。

一方、スプリント・オリエンテーリングでも大学キャンパスの構内、複雑な入り組んだ道からなる迷路のような街、公園など多様なテレインを走ります（1つのレースの中で舗装路、階段、芝生、石畳など多様な場所を走ります）。正式な競技からは外れますが、海外では大型店内（階層フロア）でイベントが開催されることもあります。自宅の建物、庭を地図化し、イベントを開いたという強者もいました。

写真3　街オリエンテーリングにて狭い通路入口に設置されたコントロールフラッグ

どんなフィールドでも、自然の地形を生かして競技場にすることができる。地図さえあればどこでも楽しめる。多様な場所を走るというのは面白いです。ランニング自体同じではないでしょうか。シューズ（裸足ランもありますが）とウェアさえあればどこでも、いつでも、誰とでも走ることができる。

海外で感動したオリエンテーリング大会

①世界マスターズオリエンテーリング大会

毎年夏に約40か国から集まった2、3千人の参加者が、35歳から5歳刻み、男女別に約1週間かけて各種目毎に予選、決勝方式で競い合う大会です。私は今までイタリアとスロヴァキアで1回ずつこの大会に出場しました。

90代の選手がフィニッシュ付近に姿を見せた時、自然と皆が拍手をして称えていた光景、60代の選手が腕を三角巾で吊りながらもスタート地点に向かう姿、レース後にお互いの走りを称えあう姿、開会式でアルファベット順に参加国を大きな声で紹介するシーン（日本は「Sun rise country, Japan!」と紹介されており、それを聞いたときは何とも言えない高揚感を感じました）、多くのボランティア運営者の献身的な姿、大会で仲良くなった同年代の選手が私のフィニッシュを待っていてくれたこと。どれも忘れられない体験です。

私は競技歴の大半を選手権（エリート）クラスの中で「速くなること」、「上達」を目指し、競うという世界でやってきました。選手権クラス以外にもオリエンテーリングの世界は広くあり、その道は続いていく。楽しみ方は人それぞれ、裾野の広い「生涯スポーツ」だということを教えてくれた大会でもあります（一方で、選手権クラスのとてもタフで難しい舞台を走れる有難さも痛感しました）。自分よりもはるかに長い経験を持つ諸先輩たちが、決して万全とは言えない、どこかしら体に不調がある状態でも競技を続けている。必死に自然と対峙して走っている。そんな姿に胸を打たれました。

②ユッコラリレー大会

フィンランドで毎年夏に開催されている世界最大規模（1、2万人規模）のリレー大会に出場しました。70年以上続いている歴史のある大会です。初日の午後に女性のリレーレース（4人）を行い、初日の晩から2日目の昼（速いチームは朝）にかけて男女混合のリレーレース（7人）を行います。後者は夜間、暗闇の森でヘッドランプを頼りに進む区間もあります（といっても夏のフィンランドの日照時間はかなり長いのですが）。

老若男女、シリアス層からビギナー層までが、同じ大自然の空間、密度の高い時を共有できる素晴らしい大会でした。チームとして仲間に繋いでいく、仲間の帰りを待つ、応援する。何もないだだっ広い荒野が、この大会のために一つの町になるかのようです（飲食店、用品店、トイレ、水道、無数のテント、道標等が揃い、1、2万人の参加者が集うため、本当に町とさえ言える規模です）。

この大規模な野外での大会はたくさんのボランティアの方々、そして長い年月をかけて2日間の大会のために準備がなされているようです（4、5年前には開催地を決めていると聞きました）。この大会はフィンランド国民の中で広く知れ渡っているようで、お茶の間への放送もあれば、普段はオリエンテーリングをやらない人たち（他のスポーツ競技者、ビギナー）もたくさん参加しており、国民的行事とも言えそうです。

暗闇の中無数のランプが点在し、千枚を超える地図が整然とスタート地点に並べられ、フィニッシュに向かい、斜度のきつい森の斜面を下ってくる競技者がいつまでも絶えない光景は圧巻でした。

健康維持のために走る、競技大会を目指して走る、交流を目的に走る、嫌なことを忘れるべく走る、ランニングの目的は多種多様。でも走ること自体を楽しむ心、ランニングを通じてかけがえのない何かと触れ合う体験、ランニングを愛する情熱は万国万人に共通ではないでしょうか。

いつでも、どこでも、いくつになっても走れる。速かろうが遅かろうが。決められたコース、ペースで走るだけでなく、遊び心を備えて、もっと自由に多様なフィールドを駆け抜ける。四季、自然、土地、歴史、人との繋がりを感じながら。時には一人で、時には誰かと。時に地図で行く先を決め、時に何も決めずにただ心の赴くままに。

写真４　朝焼けの中無数のカラフルなテントが散在する大会風景

岡本隆之

ランニングとオリエンテーリング

　ランニングを知らない人はいないと思うが、オリエンテーリングを知っている人はランナーでも少ないのではないだろうか。

　オリエンテーリングは野山の中で、地図上に表示された目印の地点をたどっていき、ゴールまでのタイムを競う競技スポーツであるが、小中学校時代にレクリエーションとして体験した人が多いために、オリエンテーリングをスポーツとして認識している人は極めて少ないと言える。

　オリエンテーリング用に作成された地図と写真2にあるようなコンパスを持って山野を駆け回る。必ずしも道を辿る必要はない。というか、道を辿るだけではフィニッシュできないようにコースが組まれている。そのため、必然的に山林に足を踏み入れるわけであるが、地図にはその山林の通行可能度から崖、岩、穴など細かい情報が記されており、競技者はそれらを頼りに駆け回ってフィニッシュを目指すのである。

　最近は山野だけではなく、写真1にあるような公園での大会も多くなってきた。山野にくらべると制約も多く醍醐味に欠けるが、何より身近で頻繁に大会が開催できるのがよい。また、初心者も公園なら安心して参加できるであろう。

　チェックは写真3にあるような電子機器を用いて行われるのが普通である。この登場により同一チェックポイントを複数回通過するようなコースが容易に組めるようになったほか、フィニッシュタイムだけでなくチェックポイント間のタイムも計測できるようになり、どこでミスをしたかなどが分かるようになった。

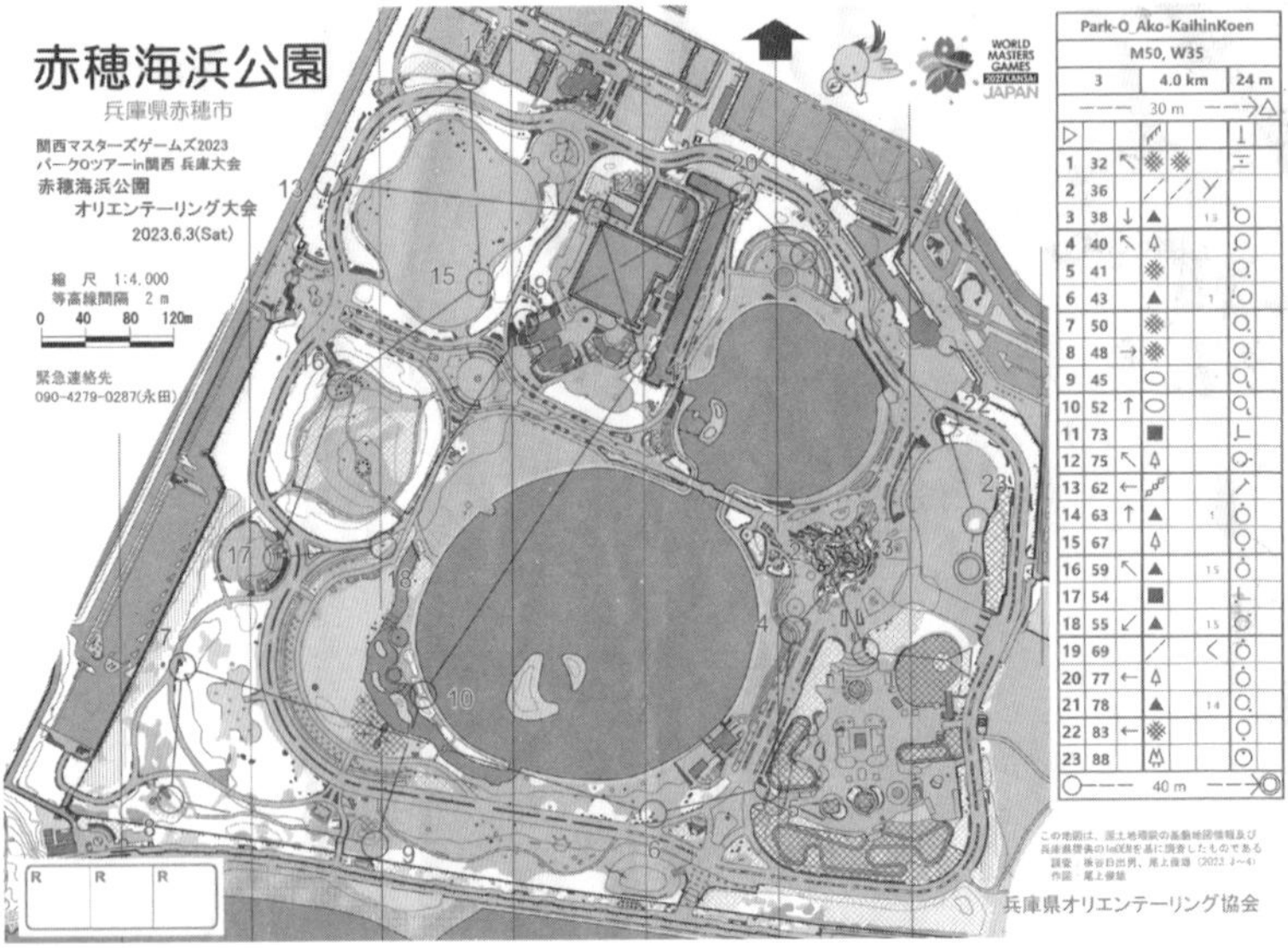

写真１　地図（公園）

そんなオリエンテーリングに出会ったのは高校時代。野外活動部という名の運動部の活動の一つにオリエンテーリングがあった。もっとも、当時は地図も国土地理院の地形図で、通行可能度もなく、それにコースを写し取ってからスタート。チェックもクレヨンという何ともアナログな時代。今とは隔世の感がある。

　その後、地域クラブに入会して現在まで続けているのであるが、オリエンテーリングの醍醐味は何と言っても、チェックポイント間の移動が全く自由であると

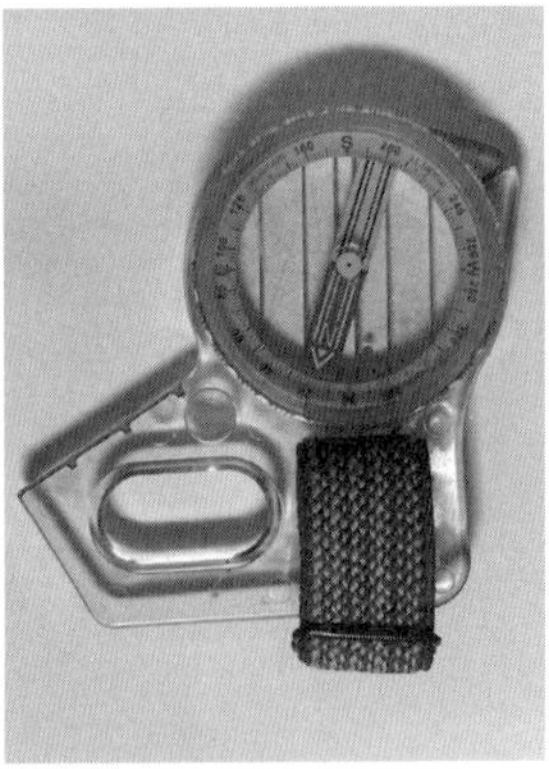
写真２　コンパス

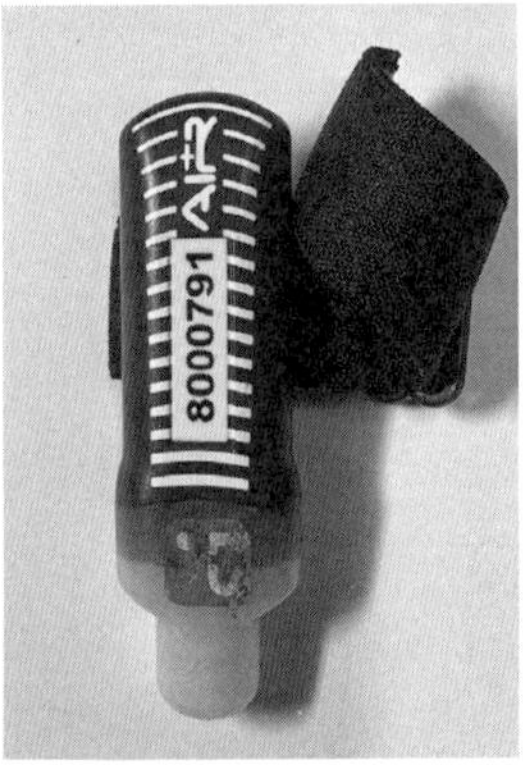

写真３　SIAC 6

いうことである。そうは言っても制約がないわけではなく、また当然コースセッターがベストルートを考えた上でコースを組んでいるので、自然と辿るルートは絞られてくるのであるが、それでも理論上、移動のルートは自由である。

さて、オリエンテーリングを始めたのが高校時代であるのに対して、ランニングを本格的に始めたのはずっと後である。もっとも、ランニングを全くやっていなかったわけではないが、マラソン大会に出ることを目標にランニングを始めたのは40代半ばである。

オリエンテーリングは好きで始めたのに対し、ランニングを始めたのはずばり健康対策。週末にオリエンテーリングをやっていただけでは体重はじりじりと増え続け、35歳の生活習慣病検診で脂肪肝と診断されたのである。といっても平日にオリエンテーリングなどできるはずもなく、食事制限ではリバウンド。残った選択肢がランニングだったのである。

ランニングを続けていると体重が減り、記録もＰＢ連続更新。オリエンテーリングで山を走っていても身体が随分軽くなった。もちろん、脂肪肝と診断されることもなくなった。ランニングはこのようにして始めたのである。

このような経緯で、今はランニングとオリエンテーリングをともに楽しんでいるのであるが、両者には様々な違いがある。大会を例にとって少し見てみることにしたい。

圧倒的な競技人口の差からマラソン大会はどこもかしこも大賑わい。コロナ禍前など人気の都市大会は抽選倍率が異常に高く、スタート地点に立つことが大変だった。それに対してオリエンテーリング大会は全日本大会であっても抽選ということはない。

走行距離はマラソン大会の方がはるかに長い。マラソン大会ではフルやハーフを筆頭に多くの大会が10キロ以上の大会であるのに対して、オリエンテーリング大会ではロングのエリートクラスでもせいぜい10数キロである。

マラソン大会は多くの大会で沿道からの応援を受けながら走ることができるのに対して、オリエンテーリング大会は全くの孤独。そもそもどこを走るかが分からないので応援など無理な話である。ただ、それでは面白くないということで、途中に誘導区間を設けて応援できるようにした大会もある。

　まだまだ両者の違いは挙げれば切りがないが、そのような違いがあるからこそ、ランニングに変化を持たせて楽しんでいる私があるとも言える。

　コロナ禍前は年間４、５回フルマラソンを走ることにして日程を組み、その間にハーフや10キロの大会を入れていくという、マラソン大会中心のランニングを楽しんでいた。人気の大会が多く抽選のある大会で落選すると、そこにオリエンテーリング大会を入れていった。フルマラソンでよい成績を出すために、ハーフや10キロの大会参加がある意味トレーニングになっていたのである。オリエンテーリング大会もその大会トレーニングに変化を持たせる意味を持っていたとも言える。

　ところが、コロナ禍で状況が一変する。コロナ禍前の２０１９年10月、思いがけず脊柱管狭窄症を発症し１か月間走ることはもちろん、歩くこともままならない状況に陥ってしまった。その後少しずつ回復していく途上でコロナ禍となったのである。

　マラソン大会はすべて中止となった。オリエンテーリング大会も例外ではなかった。しかし、再開も早かった。オリエンテーリングは競技人口が少なく、しかも競技場所が山野である。さらにスタートが時間差である。２０２０年６月に小規模大会がいち早く再開している。

　その後もマラソン大会は中止が続くが、オリエンテーリング大会は規模の大きい全日本大会も２０２０年11月に開催された。マザー牧場でのトレイルランなど引き続き開催されたマラソン大会もあったが、本格的な再開は２０２２年３月の東京マラソンを待たざるを得なかった。その間、オリエンテーリング大会に救われたと言っても過言ではない。

　同時スタートで走ることにのみ集中するマラソン大会と地図を見てルートを考えながら走るオリエンテーリング大会とは異なる部分も多いが、走る競技という点では同じである。この競うということが大切なのであるが、オリエンテーリングは時間差スタートなので競技中に競って競い合うという場面は少ないため、緊張感を保持し続けることは難しい。

　ほぼ3年の空白を経てマラソン大会はほぼ再開となった。しかし、中にはなくなった大会や内容が大きく変わった大会もある。それなりの空白期間があったのでやむを得ないだろう。私もコロナ禍で若干の体重増となった。タイムも少しずつコロナ禍前に戻しつつあるが、加齢による低下だけはどうしようもない。

　コロナ禍を経てよくなったことがある。マラソン大会の抽選倍率が低下して当たりやすくなったのである。抽選で外れることが少なくなると言うことであれば結構なことである。そろそろ、以前のような大会トレーニングをしっかり構築していきたいと思っている。

　フルマラソンをそれなりのタイムで走れる間はフルマラソンを中心とした大会トレーニングになるかと思うが、いつまでもそういうわけにはいくまい。ランニングとオリエンテーリングの比重をどう再構築していくかは今後の課題である。

　90歳を超えてマラソン大会に参加されて完走される方は最近身近に見ないが、オリエンテーリング大会では90歳を超えて走られる方がいらっしゃる。お話しすると、90歳くらいまでは身体がよく動きましたが、とのこと。90歳以上という参加クラスも存在する。マラソン大会に参加できなくなっても、オリエンテーリング大会は参加できるのではないか。そんな予感がしている。

最近の筆者

村松達也

ウィルダネスを走る
自然保護の来た道—ジョン・ミューア・トレイル

National Scenic Trail

アメリカには11の国が定めたトレイルNational Scenic Trail（登山道）がある。カナダ国境の州を東西に走る6000㎞を超えるもののほか、三大山脈（大西洋岸のアパラチア山脈、中央のロッキー山脈、太平洋岸のシエラネバダ山脈とカスケード山脈）を南北に貫く4000㎞前後の三つの長いトレイルが最も人気があり有名だ。その中の太平洋岸のトレイルがPCT（パシフィック・クレスト・トレイル）と呼ばれている。中でもその中心部、標高3000mから4000mの山々を縫いながら拓かれたものが「ジョン・ミューア・トレイル（JMT）」という。アメリカの自然保護と国立公園システムの生みの親、ジョン・ミューア（1838~1914）を記念して拓かれた214マイル（340㎞）のトレイルだ。彼はまた、冒険家であり、植物と地質学者であり自然保護運動の実践家

Painted Lady /Rae Lakes

でもあった。PCTの中でも、シエラネバダの山々をとくに愛し、その美しさを伝え、「自然は利用するものではなく守るべきもの」と訴えた。これに対し、「自然を守りながらも人間がこれを利用し管理すべきだ」という意見も起こり、両者の鬩ぎあいは百年以上たった今でも続いている。

John Muir Trail

日本では許可制の登山道はまだないが、アメリカでは自然公園の中でキャンプする場合、パーミットという国の許可が必要だ。インターネットからエントリーし抽選を経て許可が出される。JMTは自然保護のため一日に90名しか許可されない。しかしJMTはその美しさから世界中からエントリーがあるので、ほとんどプラチナチケットと化している。トレイル上には公園保護管（パークレンジャー）が歩いており、原則、許可証の提示を求められる。無許可でキャンプをすると厳しい罰金が科せられ、引き返すことが求められる。テント設営、火気の使用、トイレなど厳しいルールもある。ただ、それらを守れば、基本的にどこでキ

Mt.Ritter /Southhands Island Lake

ャンプしようとＯＫだ。

　ＪＭＴはヨセミテ国立公園と本土最高峰のホイットニー山を結んでいる。つまりシエラネバダを南北に走っているので、北行きと南行きがある。ヨセミテ国立公園をスタートする南行きが一番人気で、高山病のリスクを考えると、より安全だ。スタート・ゴールを除けば、３４０㎞のトレイルで人家があるのは二カ所のみ、最低でも二日三日は歩かないと食料を調達する場所はない。衣食住のすべてを持参しなくてはいけないので、必然的に荷物は大きく重くなる。もちろん野生動植物の宝庫だ。というより彼らのエリアに人が入ってゆくという表現が正しい。臆病な人は拳銃を持って入ったりする。

　私は２０００年から五回、ＪＭＴとその前後を旅している。走った年もあるし、歩き通した年もある。あまりの美しさに走ることが愚かしく思え、歩きが中心となることが多い。トレイルの途中、何日も同じ場所にとどまり絵を描いたり、自然の作り出した形状をデザインの勉強にするために何時間も観察したり、犬とともに旅したり、親子3代で馬の旅をしている人もいる。自由なのである。だからすべて走り通してもいいのだ。

Wilderness

　ＪＭＴの北の起点・ヨセミテ渓谷は氷蝕地形の典型で、１０００ｍを超える花崗岩の絶壁一枚岩や、伏せた椀を半分に割ったようなハーフドームがある。ヨセミテ渓谷から歩き出すと、一気に２０００ｍまで登る。まず驚くのは氷河が何千年にもわたって削りだした芸術ともいえる景観だ。１０００ｍも落ちる滝、見上げるとすっぱりと切れた絶壁。圧倒的な大自然の力に、ただ息をのむ。

　私たちはふだん、多くの人とともに文化的な集落に住んでいる。このような圧倒的な自然の中の「危険や困難を伴う場所、運を天に任せるか自分の技能以外に頼れるものがない場所」（ゲーリー・スナイダー著「野生の実践」）それをウィルダネスと呼ぶ。

　一人でウィルダネスを走るとき、そこにあるのは物質的な孤独だ。ＰＣＴやＪＭＴには、日本やヨーロッパのような山小屋はない。文明からは何日も離れた距離にいることになる。文明からウィルダネスに入ったその夜、人は洗礼を受ける。助けてくれるものはなく、あるのは危険なものだけ、そんな不安に陥ってしまい、風の音や動物の声に、自分が弱い裸の動物であることに気づき、ほんの小さな音にも畏れを感じる精神的な孤独を知ることになる。

ときに本当に動物がやってくることがある。標高３０００m以下ではクマが活発だ。眠っていると、遠くの方で人が叫び、食器を叩き、クマを追い払う騒ぎが起こる。そしてその声がだんだんと自分の方に近づいて来るとき、もう眠ってはいられない。テントの中でゴロゴロと寝返りをうち、時計を見るが時間は進まない。そんな時は、夜中でもテントをたたみ、周りを片付け、ザックを背負って出発する。眠れない夜は走ればよい。ヘッドランプで走っていると、まるでトレイルランのレースに出ている気になり、嬉しくて思わず叫んでしまうこともある。

何時間か走ると、空は濃い紺色からしだいに青くなり、だんだんと赤く白くなってくる。峠の上に来ると、大きな石の上にあがり、荷物をおろす。ストーブ

Jeffry pines /Le Conte Canyon

に火をつけお湯を沸かし、朝ごはんを食べる準備をはじめる。明るくなると、真夏なのに降りた霜が草の葉を白く輝かせている。まぶしい光に、自分がいま目覚めた！ことを知る。まさにCarpe diem！

目をやると、何畳もある大きな平ったい岩の上で、カップルが寝袋の中から朝日を見ている。遥か下の方では、焚火の煙が上がっている。洗礼から開けた朝はすがすがしい。再び、走りだすと様々な木々に目を奪われる。小さな花やその大きな群落に目を見張ることもある。

三回目の夜が来る頃には、もう不安で眠れなくなることはない。自分が自然の中にあること、自分が自然の一部であること、それを頭と体で感じることができたからだろう。心が環境の変化に追いついて来る。野生を取り戻すのには時間がかかる。

Nature Being

シエラの山々には驚くような木々が生きている。特にマツ、ヒバ、トウヒ、モミ等の針葉樹の大きさは、日本のそれよりはるかに大きい。球果が50㎝以上になるシュガーパイン。パイナップルそのもののような松毬のジェフリーパイン。雪崩や岩崩れの起きた斜面や岩盤の上に立つ孤高の木。３０００ｍを超える強風域の中に小さくたっているホワイトバークは盆栽のように高齢だ。氷河が削り出した強風の岩盤の上に密集して立つフォックステールパインは根元にうずたかく球果を落としている。樹皮の驚くほど薄いロッジポールパインは松脂が多く燃えやすいので、大規模山火事の被害を受けやすい。地球上で最も体積の大きな生物、最も体長の長い生物、それらもシエラネバダで会うことができる。

氷河に磨かれた岩盤の上に立つ松。一粒の種がここまで大きくなるには、どれほどの時間と偶然が積み重なってきたのだろう。どれほど多くの命の中からここまで大きくなったのだろう。そう考えると、自分の存在はなんと脆弱で短命なんだろうと思う。束の間に通り過ぎる私たちの存在が、何百年何千年と生きている彼らの存在を壊していいわけがないのだ。こう感じ、謙虚に生きることが、この公園や道を作った目的なんだと、あらためて気がつく。

Sky Pilot /Mt.Whitney

大きな木々だけではない。シエラの短い春から夏に花々は一斉に咲きほこる。日本と同様にコマクサに出会うのは珍しい。コロンバインやインディアンペイントブラシなど大きめの美しい花も多いが、標高4000mを超える場所に咲くスカイパイロットはシエラを代表する高山植物だろう。

小さく、弱弱しい花々は、雪崩や寒さや強風があっても毎年咲き誇る。シエラの一瞬の春と夏に開く小さな命のなんという逞しさか！ 可憐ではない、強いのだ。

自然の中を走るとき、五感は獣のように敏感になる。

なぜ一人で走るのか、それは自分と話がしたいからだ。

走った後で飲む水のおいしさは、歩いた後で飲むそれに勝る。

歩くとき、言葉は文章となって浮かび来る。

走るとき、言葉は単語として、ときに文節としてやって来、そして時間をおいて文章として形を成す。

自然の中で、人間はヒトとなり、文明の中に入って人間にもどる。

障がい者とランニング

吉田光広　前埼玉県障がい者陸上競技協会会長
渡部真秀　同協会副会長兼事務局長

［吉田光広氏執筆］

ランニングは誰でも出来るものですが「辛い」「苦しい」という負のイメージがあり、体育の授業では最も不人気です。記録や順位だけではなく、様々な楽しみ方がランニングにはあるのです。

私が障がい者に関わったのは約39年前でした。当時から「運動をすると精神的に落ち着き、その後の生活に好影響が出る」ことは分っており、日課として朝のランニングが設けられていました。しかし「体を動かす楽しさを教え、生徒の特性を伸ばす」ということまでは考えられていませんでした。

当時は、障がい者が入れるスポーツクラブや部活動を行っている特別支援学校は少数で、障がい者が継続的にスポーツに関われる機会はほとんどありませんでした。

そこで、走ることが得意な生徒がいたので声を掛けると、放課後私と一緒に走る生徒も出てきました。その中で、Aさんは全国知的障がい者スポーツ大会に出場し、金メダルを獲得しました。それからは日常生活の中でも自信が付き、積極的に発言することが増えてきました。

そういう成果が出たので私は更に多くの生徒に声を掛け練習を続けていきました。

そんな時、入間市陸上競技協会のSさんから「西武地区公民館主催の駅伝大会に出てみないか。」と声を掛けていただきました。その旨をメンバーに伝えると「出たい！」という声が多く出場が決まりました。初

めての大会なのでタスキのつけ方、次の走者への渡し方からの練習でした。練習の甲斐あって大会当日は保護者、教職員の協力のもと、楽しく充実した一日を過ごすことができました。

また、日常生活で障がい者と接することが少ない地域の方にも、大会を通して養護学校の生徒の存在を知ってもらうことができ、地域に溶け込むきっかけにもなりました。

メンバーの中のM君は地区自治会の方から彼の走りが認められ「来年からは自治会の選手として走って欲しい」と言われました。M君の保護者は「地区の一員として認められ、卒業後の休日の過ごし方を考えるきっかけになった。」と大変喜び、卒業後も練習を続け障がい者の全国大会（ふれあいピック全国大会）に県の代表として出場するまでになりました。現在でも障がい者のスポーツクラブに所属し、元気に走っています。

障がい者も健常者同様、ランニングを通して自信が付き、人間関係が広がり、より能動的に生活していけるようになります。

この数年後、同僚からの「養護学校（現特別支援学校）のスポーツ大会立ち上げに協力して欲しい」という声をきっかけに、陸上競技大会や駅伝大会を立ち上げました。これらは現在に至るまでの埼玉県の障がい者スポーツの普及に役立っているのではないかと思います。

埼玉県では２００４年の埼玉国体に向けて、その数年前から障がい者スポーツも同時に支援する取り組みを始めました。

国体後は、障がい者スポーツとしてより多くの人が参加しやすいよう、種目ごとに協会を立ち上げ支援していますが、卒業後の活動場所や指導者などが不足しているのが現状です。

パラリンピックをきっかけに、肢体不自由者、視覚障がい者、聾者、知的障がい者への支援体制は少しずつ整ってきていますが、まだまだ不十分です。

そこで、埼玉県では全障がい者を対象に「パラアスリート発掘のための体験会・測定会」を始めました。これを通してより多くの障がい者が日常生活の中でスポーツ活動に取り組むきっかけの一つになって欲しいです。

ランニングは全ての人にとって手軽にできる運動の一つです。しかし、障がい者がランニングを行う機会は増えているものの、競技志向が強かったり、指導者やクラブが少ないため運動に関する知識が乏しい初心者が取り組むにはハードルが高いのが現状です。

障がい者の活動機会の保証のために、今年、障がい者を主な対象として支援団体を立ち上げた渡部真秀さんの事例を紹介します。

最後に、パラリンピックのゴールドメダリストでスイスの元車いすマラソンの世界記録保持者ハインツ・フライ選手の言葉を紹介します。

「健常者はスポーツをした方が良いが、障がい者はスポーツをしなければならない」。

これは、健常者のみならず障がい者にとってより豊かな人生を送るためにスポーツの重要性を強く唱えている言葉です。

［渡部真秀氏執筆］

私とランニングの出会いは、会社員として働きだした頃になります。子供の頃からの野球少年でそのまま会社に就職しましたが、肩の故障から野球を断念。リハビリとして始めたランニングにいつのまにか夢中になっていました。フルマラソンの自己ベストも38歳で記録、少し遅咲きと言えるかもしれません。ちょうどその頃、視覚障がい者のガイドランナーを頼まれたことからパラスポーツの世界に飛び込むことになりました。それから30年、身体・知的・聴覚障がい者の中長距離指導を中心に、埼玉県代表チームの競技力向上と選手の育成に無我夢中で取り組んできました。

この間、全国規模で開催される全国障害者スポーツ大会の帯同を続け、多くの選手たちを育てあげる中、2020東京パラリンピックを間近で経験し、そして2025年には日本でデフリンピック（聴覚障がい者）の世界大会が開催され、現在その準備に取り掛かっています。障がい者を取り巻くスポーツ環境の変化には目を見張るものがありました。

ただ、何か私が求めている、いや選手が求めている要求に応えることができていない、そんなことを日々強く感じるようにもなっていました。もっと選手の力

を伸ばしたい、ランニングの素晴らしさを多くの障がい者に伝えたい。そして健常者も障がい者も共にランニングを生涯スポーツとして楽しんでもらいたい。
そこで、令和5年9月1日、民間での経験を活かし、また新しい視点を盛り込んだランニングクラブ「ユニバーサルスポーツクラブ with-W」を立ち上げました。(URL: https://sites.google.com/view/with-w-usc/) クラブのモットーは「スポーツはともに成長しともに未来を拓く」。会員制の有料クラブになります。これまで障がい者のスポーツ指導は無償で提供されることが多く、次のステップとしてスポーツの振興や普及に大きな障害があると感じていたからです。
主な活動拠点は浦和駒場スタジアム、戸田市スポーツセンター等ですが、出張レッスンも行っています。遠くは群馬県（前橋市）まで活動の拠点を広げています。レッスン内容・料金はパーソナル・グループ、体験会、BBQトレッキング等で、費用は一回1000円～3000円です。障害のある方も利用し易いようスマートフォンから簡単に練習会の申し込みが行えるようなシステムも導入してみました。

また、このクラブが他のクラブとちょっと違うのは、障がいのある方の「セカンドキャリア」の確保まで支援する取り組みを行っていることです。クラブでは企業の採用担当とパラスポーツ指導のスタッフが連携して障がいのある方が社会人として必要となる技術や心構えを習得し企業雇用への導きをサポートします。現在、聴覚障がい者、知的障がい者、身体障がい者が企業に内定もしくは入社しています。

まだまだ始まったばかりのクラブ運営ですが手ごたえも感じています。障がいのある方は、健常者以上に周囲の支援が必要です。多くの障がいのある方が楽しくランニングを始めることができ社会との関係を築きながら、私たちと共に成長できるよう多くの仲間を増やしていきたいと思っています。

市民ランニングの先駆け…ほるぷマラソン学級

ほるぷマラソン学級設立メンバー
大貫映子、梅津定一、降旗弘一、外園イチ子、油井孝男、山西哲郎

この学級は1973年3月、「ほるぷマラソン学級」という名称で、大貫陽と山西哲郎によって始まりました。それから50年のこと…

「2023年11月8日、水曜日。抜けるような見事な青空の日に、父、大貫陽が息を引き取りました。94歳でした」と、娘さんの大貫映子さんから山西に連絡がありました。

大貫さんは1973年当時、まだ、市民が健康と趣味を楽しむ風景が乏しい頃、東京教育大学の私の研究室に訪ねて来られ、「子供から高齢者までの人たちに走ることを教えてください」と頼まれました。そこで、東京の代々木公園でランニング教室を30名ばかりの市民と立ち上げました。その後、全国的と言えるほど各地から月1回は集まって、老若男女の市民が自らの楽しいランニング文化を創っていきました。

ほるぷマラソン学級の初期の頃の人たちの思い出を振り返っていただきました。

山西哲郎（当時：コーチ）

1．大貫さんの娘大貫映子の語りから…1970年代

運動と言えば「学生運動と労働運動」という父が40

代前半、ランニングに出会って人生が変わりました。43歳で仕事のストレスから十二指腸潰瘍になり、たばこをやめ、太ってしまったので何か運動をしなくてはと、始めたのがランニング。

常に感動したことを、劇的に熱く語る父でした。最初に入った国立競技場のランニング教室で、ナイターの灯りに映し出された赤いトラックが神々しく、東京五輪（１９６４）でアベベが走った同じ所に立っているんだ！という興奮とともに。

「でも初めて走った時は息が切れて1周できなかったんだよ（笑）長いんだよなあ、４００ｍって」と高笑い。その後、山西先生を口説いて「ほるぷマラソン学級」発足に至るわけです。

2. 降旗弘一 「ほるぷマラソン学級」を思いやる

この会は、凡そ50年も昔、昨年他界された大貫陽さんが山西先生に熱心に呼びかけて両氏の協力により設立され健全に運営されたわが国では早期に活動を続けた持久走の習得に主眼を置く特異な存在と言える友の会で、毎回参加の大勢の老若男女が、コーチの山西先生のランニングの実技と講義両方での懇切丁寧な指導を受けて、ランニングの基本から始まる諸々の事項に対して、会員は本気で取り組み、多くの大切な事柄を教わり学び、各人がランニングの世界に身を投じたのでした。

毎月東京の代々木公園が主な会場だった例会には、大貫さんが編集する手書きの手引が配られて、山西コーチによる当日の実習内容をはじめ、各人の走力に見合った走り方、また、場所や気象季節に即したトレーニング等の指針の記事に続いて、会員の投稿や各地の大会の案内も載ったりして、時には十数頁にも及ぶ編集がありました。

例会も2年目に入る頃は、大会に参加する仲間が増えて、青梅マラソンを筆頭に、防府マラソンや京都マラソンで活躍したのでした。

合宿も盛んに行われました。数年間に榛名湖合宿をはじめ、伊豆大島、箱根、九十九里等で。圧巻は最終回の鳥取砂丘でした。合宿も山西先生の立案により行われたのです。

先生の「練習日誌を見せてください」に応じて私は終始毎月提示して先生の講評を心待ちにしたけど、いつも親身で細やかな先生からのアドバイスを守り抜けなくて、中年でサブスリーを数回成した時も、想定よりいつも遅いゴールで、快感は今一冴えず、でした。

1976年、別の会の走友と合同の総勢22名で、箱根湯本から芦ノ湖まで試走した時、全員完走した中でほるぷの仲間は11名も。これは正に市民ランナーの先駆けでした。

走歩を続けて半世紀、距離も仲間も増えて、活性化した感性は、命を直に表現する走の世界を、音楽に因んで走楽の旅と呼んでます。

3. 梅津定一 「ほるぷマラソン学級」の出会い

いつの間にか年を重ねて、82歳になりました。身体能力が落ちてきましたが、今に向き合い、年をとっても楽しみながら走っている。

1972年30歳のとき、初めて青梅マラソン30キロを走る。歩いたりしたが、2時間50分で完走した。もっと速く楽に走ることができないだろうかと思った。

1月に、一人で青梅に行きマラソンコースを走ってみた。偶然にその日「ほるぷマラソン学級」は、青梅試走会を実施していた。HOLPのシャツを着た多くのランナーに出会った。大貫陽さんから笑顔で「毎月一回、代々木公園で練習会をしているのでどうぞ！」と誘いを受けた。

例会に参加すると、手書きの「ほるぷマラソン学級・機関誌」が渡された。初めのページに、コーチの山西哲郎先生のメッセージが掲載されている。教室は、中高年の市民ランナーでいっぱいだった。山西先生の講義のあと、代々木公園で実技があった。緑の芝生の上を裸足で歩き、そして走る。新鮮でした。走る仲間ができた。通っている内、走力が向上してきた。

憧れのフルマラソンに挑戦する。勝田マラソン他様々な大会に出場した。快走ばかりでなく苦しいときもあった。「ひとより一汗多く」の言葉を念じ乗り越えた。夏は、走友、小原さんと「富士登山競走」に毎年出場した。山の魅力にひかれ、71歳まで参加した。

去年の秋、町内の健康ランニング（申告タイムレース）２キロに参加する。ゆっくり走った。いま、今日走ることができ明日もまた走れることに幸せを感じる。家族も応援してくれている。走ることによって、心身を静かに見つめることができた。さらに「健康」という活力資産をもらった。これからいのちと共に、走る道を求めて精進していきたいと思っている。楽しく走ることを学んだ「ほるぷマラソン学級」の出会いに感謝する。

4. ランナーになったきっかけ

外園イチ子

第1回ほるぷマラソン学級に参加したのは走り始め33歳の頃。高校を卒業して15年、体力があるのか無いのか、あるとしたらどれ位なのか、試しに市民ロードレース3キロに出てみた。高校生や大学の陸上部の生徒たちに混じってスタートした。息も絶え絶えにゴールしたら5位だった。練習したらもっと早く走れるようになるかと一、二週間に1回か2回団地を走っていた。

そんなある日、新聞に、鳥取でランニング合宿をやるという記事が目に付いた。山陰地方には行ったことがなかったし、子どもの絵日記になるからと申し込んだ。そこで指導してくださったのは、群馬大学の山西哲郎先生だった。

どんな練習をしたらよいか解らず山西先生に手紙で相談した。毎月私にレベルにあったスケジュール表を送ってくださった。完璧には実行できなかったが励んだ。タイムも少しずつ縮むのが楽しくて早く明日の朝にならないかと楽しみだった。

１９７７年原宿ミニマラソン5キロで優勝し、その頃、女子だけのマラソンは珍しく賞品は毛皮のコートと報じられたので大きく話題になった。

翌年2月初めて青梅マラソン30㎞に出場。2時間12分28秒、その2か月後、練習で走ったこともないのに女子だけの東京多摩湖マラソンに誘われた。一周4キロを3周するコースだという。14キロならば走れるから3周すればいいのだと軽く考えた。水分をとることも飴一個なめることも知らず花見客の間を縫って走った。ゴール後、脈を測ったドクターが首をかしげていた。3時間10分48秒で日本新だった。

6月にベルリンマラソンに招待される。初めての外国。15日間の間にイギリスで25キロ、ドイツに渡って1万メートルとフルマラソン。ここはベルリンと一歩一歩味わいながら走った。あと2キロというところで足が止まった。大きな審判員がもうちょっとだよという表情で励ましてくれ何とかゴール。6位だった。

その後、東京国際マラソン、丹波篠山マラソン、皇居8周マラソン、山中湖、韓国など数えきれないほどめぐった。マラソン漬けの日々だった。鳥取合宿に連れて行ったあの時の息子が走りに目覚めて走っている。

人生は出会いで道ができていくとつくづく思っている。

5. 油井孝男
ほるぷマラソン学級の思い出

ほるぷマラソン学級については数多くの思い出があるものの多くは断片的で記憶にとどめていない。

第七回京都マラソンは昭和50年2月に開催された。今思えば外国人招待選手も含め３００人に満たないベテランランナーがひしめく大会だったのだ。それに学級の経験の浅い数名の者が出場したのである。僕は2時間56分で走ったがゲートが閉じる直前であった。マラソンは二、三回しか経験していない。大貫さんはじめ学級のスタッフの方々から声援を送っていただいた。その後マラソンを数多くやっているがあのような励みになる声援をかけられたことは皆無である。鳥取砂丘や榛名湖での合宿、代々木公園での集い等は大貫さんなしではあのような充実した学級にはならなかった。

大貫さんの軽快な語り口を忘れることはできない。「走っている女性は美しく見える」の言葉を忘れられない。

マラソントレーニングについては山西先生より手紙のやり取りで多くのアドバイスをいただき朝出勤前に10キロ約五十分間多摩川河川敷沿いをルーチンにしていた僕にはこれが多大な支えになった。結婚してアパートを探すのに快適にトレーニング出来る所を考えた末多摩川を走りたいと思い東京都狛江市にしぼった。多摩川から五分のところである。

当時、僕は千代田走友会にも所属し毎週日曜日に地下鉄竹橋駅近くに参集して皇居周回を主として走っていた。しかし特にランニング指導者もいなく皇居の周りを楽しく走っていた。当時一般のランニング愛好者にとってランニング指導者はほとんどいなかったし僕たちも指導者を求める概念も薄かったと思う。

ほるぷマラソン学級はそうではなかった。一般のランニング愛好者もしくは走りをあまり経験していない人々まで走る喜びのすそ野を広げていったのである。良きランニング指導者と献身的かつ熱意をもって運営していた大貫さんとの出会いは幸運としか言えない。そしてその功績をたたえるとともに深く感謝したい。

6. 大貫さんの走る楽しさの広がり

以上紹介したランナーはアスリートランナーというよりは市民に生活のなかで「なぜ走るか」「楽しく走る」ことを伝えた人々であった。特に大貫さんは、青梅マラソンでも走る人たちの最後付近をスマイルで走り、語り合いながら、それまで走ることは苦痛だという世界をエンジョイランニングに変えてしまう人だった。そして、大貫さんは下条由紀子さんと出会い、走る仲間のマガジン「ランナーズ」の発刊に協力することになる。

大貫陽さんの娘である映子さんはドーバー海峡横断に挑戦。二度の失敗の後2時間32分をやりとげる。父親の大貫さんは「娘の教育は自由放任そのもの。やりたいことを楽しくチャレンジすればいいのだよ」というのが持論。それが父から、ほるぷマラソン学級のランナーの人たちにも伝わったのである。

このクラブの出前講義の練習風景、横浜洋光台団地にて子どもから高齢者まで一緒に。

ランニング人生を振り返って

――感謝を胸に

衣川悦津子
鶴岡100㎞マラソンASS所属

プライベートや仕事などが思うように行かず自信を無くしかけていた21歳の時、「何かやってみようかな。私にも何かできるかな。」と、高校時代に陸上部だったこと、体育大会で1000m走や8㎞の耐寒持久走では少しだけ周囲の人よりも走れたことを思い出しました。

高校卒業後は気が向いた時に5㎞程をゆっくり走っていましたが、「フルマラソンを走ってみたい。」と言った言葉を聞いた職場の人がランニング雑誌を貸してくれました。

その中で見つけたカナダの『バンクーバーマラソン』を走ることに決め、1991年5月に私のランニング人生が始まりました。

走ると決めてから3ヶ月、独りで練習をしていてもよく分からず不安になり、ツアー担当者に相談をするとツアー参加者にアドバイスを聞いてくださいました。

また、独りでツアーに参加する私を色々な場面で気にかけてくださったおかげで、少しずつ不安は解消していきました。

同じ大阪府からグループで参加されていた方々が、観光や食事などに私を同行してくださってどんどん楽しくなってきました。

大会当日、同グループの少し歳上の女性がスタートからずっと一緒に走ってくださり、補給のやり方や足が痛くなった時のストレッチ、辛くなった時に励まし寄り添ってくださりスタートから降り続いていた雨の中、ふたり揃って4時間13分46秒で無事に完走するこ

バンクーバーマラソン　ゴール後、完走Ｔシャツを手に

とが出来ました。

完走できたら色々な気持ちが溢れてくると思っていましたが、「走り切ることが出来た。もう走らない。」でした。

ホテルに戻った頃に足が動きにくくなり、ひとつひとつの動作が儘ならなくなり、身体全部が酷い筋肉痛になりびっくりしましたが、完走できたことを実感でき嬉しくなり「また走ろう！」と思いました。

大会終了後にツアーパーティーがあり、そこで私の人生の恩人となる山形県鶴岡市から参加の菊地光男さんとの出逢いがありました。『サロマ湖１００㎞ウルトラマラソン』よりも歴史が古く、日本で一番最初のウルトラマラソン開催となる山形県の『鶴岡１００㎞マラソン』を主催しているとお話されていました。

「え？１００㎞を走る大会って何？何日かかるの？」というのが、初めてフルマラソンを走った私の率直な気持ちでした。

その後のオプショナルツアーで菊地さんとご一緒できて、気さくに声をかけてくださってお話しをしたり写真を撮ってくれたりしました。

帰国後、菊地さんから写真と一緒に全国のランナーさんや鶴岡の地元の方々の走る話題や日常の事が書かれている手紙などを載せ、そこに菊地さんがコメントを添えた手書きの『じゃーなる』が届きました。

そこには私が全く知らなかった世界が活き活きと書かれていて吸い込まれるように一気に読みました。

写真と『じゃーなる』の御礼を手紙に書いて返事をしたところ今度は私の手紙が載った『じゃーなる』が届き、ここから菊地さんと私の出逢いが動き始めました。

「リタイアして良いから鶴岡を走ってみて。」と誘っていただきましたが、フルマラソン以上の距離など想像がつかないのでお断りしました。しかし「リタイアしたらスタッフをすれば良いよ。」と再度お誘いをいただいたので「じゃあ走ってみよう。」と思い、初フルマラソンから4ヶ月後の１９９１年９月８日、私は『鶴岡１００kmマラソン』のスタートラインに立っていました。

1周10kmを10周する周回コースで制限時間11時間のとても厳しい大会ですが、スタッフファーストでスタッフさんとランナーさんとの距離がとても近い大会とのことでした。

前日の開会式でひとりずつ自己紹介をして皆さんと顔合わせをしてからの大会当日、周回毎にエイドステーションのスタッフさんが私の名前を呼んで声をかけてくださったり、ランナーさん同士で声を掛け合った

1998年　第15回鶴岡100kmマラソン　菊地光男さんと

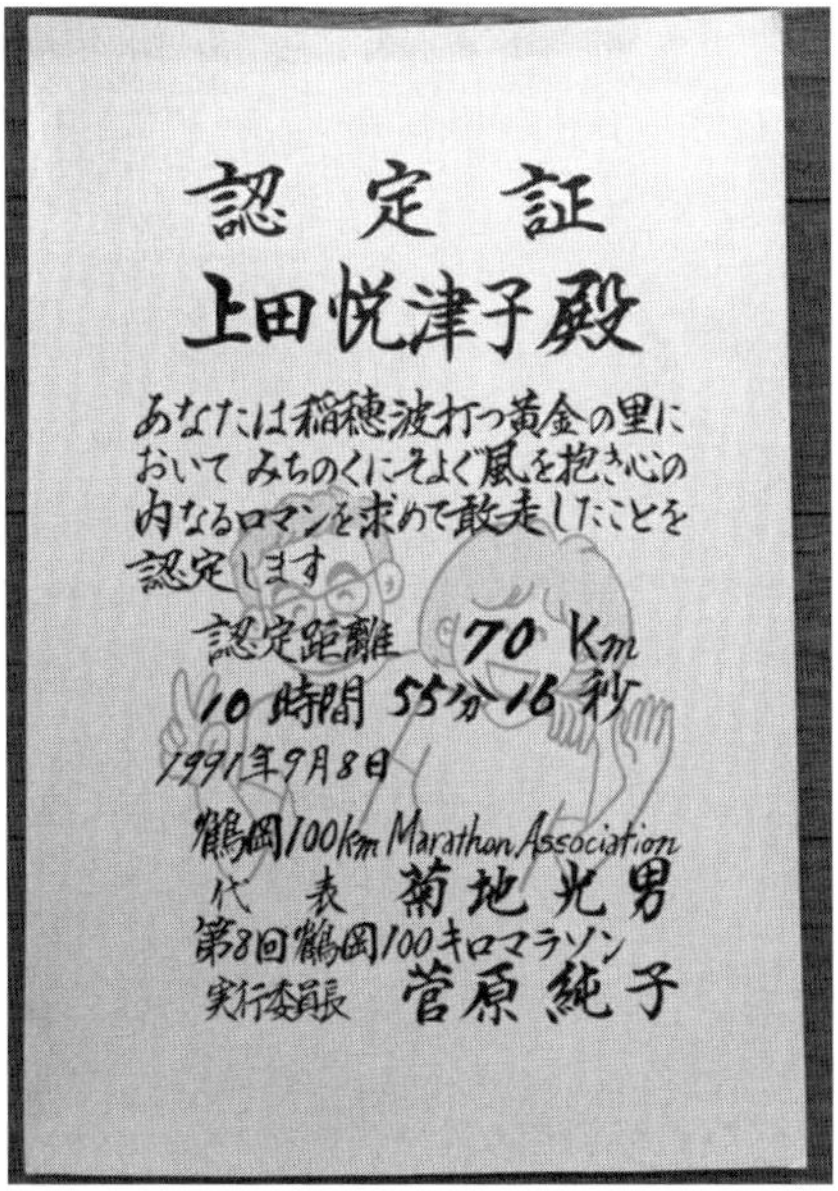
認定証
上田悦津子殿
あなたは稲穂波打つ黄金の里に
おいて みちのくにそよく風を抱き心の
内なるロマンを求めて敢走したことを
認定します
認定距離 70 Km
10時間 55分 16秒
1991年9月8日
鶴岡100km Marathon Association
代表 菊地光男
第8回鶴岡100キロマラソン
実行委員長 菅原純子

りして参加者全員の距離がどんどん近くなっていきました。

私よりも歳上のランナーさん達の直向きに走る姿、そのランナーさん達は足も心も辛いはずなのに、走れなくなり泣きながら歩いていた私に温かい言葉をかけて寄り添ってくださるなど、この状況でも相手を思いやることができることに衝撃を受けました。

その優しさに触れてさらに涙がこぼれてきましたが、皆さんの想いが私を動かしてくれてリタイアすることなく制限時間いっぱいの10時間55分16秒、認定距離70㎞となりました。

スタッフさんランナーさんが参加の閉会式では皆さんが私の走りを一緒に喜んでくださって、私ひとりでは走れなかったことを実感しました。

走ることで少し自分に自信が持てるようになり、未熟な私に人の温かさや相手を思いやる気持ちと寄り添う心を教えてくれた鶴岡。

菊地さんに出逢えた事、彼を通して出逢えた素敵な方々が私の走る原点となりました。

『鶴岡１００㎞マラソン』を完走する事で今まで出逢えた方々に御礼を伝えたいと思っていましたが上手く走れず、32連敗した時に大会はファイナルとなりました。

『鶴岡１００㎞マラソン』の想いを原点に埼玉県『奥武蔵ウルトラマラソン』を開催してくださった舘山誠さんのスポーツエイドジャパン主催の『津南ウルトラマラソン』なら私の想いを伝える事が出来ると思いました。

２０２３年10月1日、その時が来ました。

相部屋の松田浩美さんと彼女のお仲間さん達と新しい出逢いがあり、走っている時に声かけや写真を撮ってくださったり、辛くて心が折れそうな時に寄り添って私の心を温めてくれました。

　暗闇の中でとっても心細かった残り８㎞の時、付かず離れず走っていた松田浩美さんが追い付いてくれて「ゴールまで諦めちゃダメだよ！！」と言ってくれて気持ちが引き締まりました。

　５時のスタートからずっとどしゃ降りの雨の中、最後のランナーさんが来るまでエイドステーションで待っていてくれたスタッフさん、交通誘導のために一人で立哨してくださっていたスタッフさん、私が走り始めてから出逢えた全ての方々が私を走らせてくださって、制限時間15時間の３分前、14時間56分31秒で初めて１００㎞を完走することが出来ました。

　『鶴岡１００㎞マラソン』を走り始めてから34年かかりましたが、漸く皆さんに御礼を伝える事が出来たなら嬉しい限りです。

　私は大会で走っている時、沿道の皆さんと声をかけ合ったりハイタッチをしたり、スタッフさんにお礼を

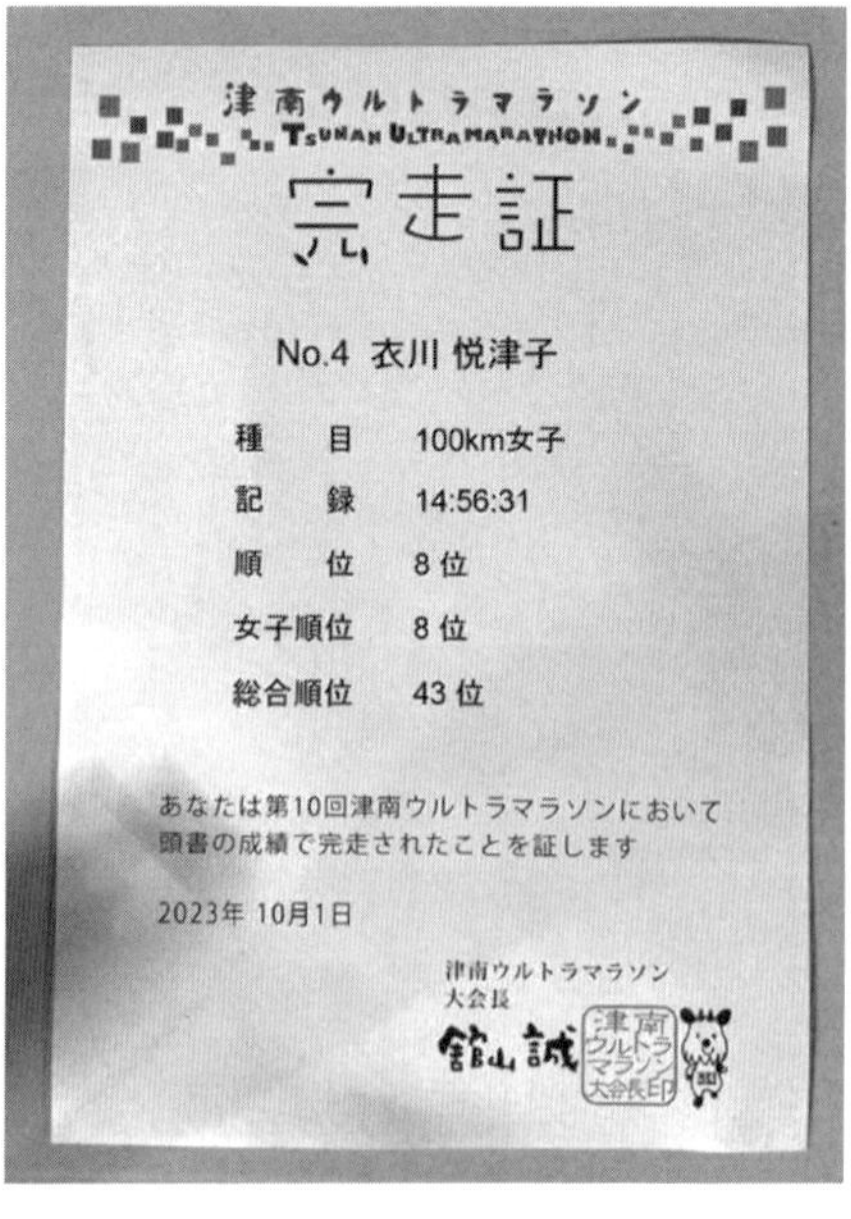
津南ウルトラマラソン
TSUNAN ULTRAMARATHON
完走証

No.4 衣川 悦津子

種　目	100km女子
記　録	14:56:31
順　位	8 位
女子順位	8 位
総合順位	43 位

あなたは第10回津南ウルトラマラソンにおいて
頭書の成績で完走されたことを証します

2023年 10月1日

津南ウルトラマラソン
大会長
舘山誠

伝えたり、ランナーさんに自分から声をかけるなどして積極的に楽しみ、皆さんから力をいただきながら走っています。

　目標タイムを達成できた時、そうではなかった時も走り切れた達成感や頑張る事が出来た事実は私に自信を持たせてくれます。

　自分に自信を無くしかけていた21歳の時に走り始めて菊地光男さんに出逢えた事、彼を通して出逢えた素敵な方々や新しい出逢いの輪がどんどん繋がり広がっ

ていきました。

変化を必要とする人が居るなら、「最初の一歩、まずは歩き出してみよう。」と伝えたいと思います。

私は『走ること』でしたが、一歩を歩き出した事で人生がとても楽しく豊かになった事を実感しているからです。

『継続は力なり』

菊地光男さんがよく口にしている言葉です。私は走る事を通して実践していたと気付きました。

これからも鶴岡への想いと周囲の方々への感謝の気持ちを心に留めて、今までの出逢いとこれからの新しい出逢いを楽しみに走っていきたいと思っています。

今回、私のランニング人生を振り返る機会をくださった事に心から感謝しています。

津南ウルトラマラソン　ゴールにて

東京から世界のWMM制覇へ、多様なランニングを満喫

森聖子　ペットロスカウンセラー

　ランニングを始める動機や継続のモチベーションは多様です。「お金をもらっても走るなんて御免!」という私の場合、きっかけは「病気」でした。2011年の年明け、C型肝炎のインターフェロン治療のため「アルコール禁止」生活となり、宴席の約束はキャンセル、時間を持て余すようになりました。ちょうどそのころ、年来のゴルフ仲間が東京マラソンを初めて完走したことでランニングに目覚め、私にその年の12月のホノルルマラソンを一緒に走らないかと誘ってきたのです。

　もともと何でもやってみたい性格で、「一生に一度フルマラソンを走ってみるのも面白いかも。しかもホノルルなら、マラソンの後にゴルフもできそうだし」と、さして考えもせずに「OK」と返事をしたのが運のつき。まさか自分が〝世界をまたにかける〟ランナーになるとは、その時点では想像すらしていませんでした……。

　早速ランニングシューズをはじめとするグッズを購入し、自己流で走り始めました。とはいえ、最初は200mも走ると息が切れます。ネットや書籍などで「フルマラソン完走攻略法」の類を調べることも一切せず、ひたすら自己流トレーニングを続けました。いま振り返ると無謀ですが、事前に10キロやハーフなど短い距離の大会にエントリーすることもなく、いきな

りホノルルでフルマラソンに臨んだのです。

結果、初フルはなんとか5時間30分でフィニッシュできました。その瞬間は、感激のあまり涙ぐむものかと想像していたのですが、全くそうではありませんでした。「もうマラソンはこりごり。これ以上一歩も走りたくない」と感動はゼロ。それよりも翌日からのゴルフが楽しみで、ランニングを続けようなどという気はサラサラ起きませんでした。

ところが、ハワイから帰国して、どのくらい経った頃でしょうか。生来の負けず嫌いな性格からか、「ホノルルマラソンフィニッシャーではあるが、途中何回も歩いてしまった。これは〝完走〟とはいえないのではないか？　もう一度だけ〝歩かない〟完走を目指して走ってみたい」と思い始めたのです。

そこから心機一転、自己流での練習を反省して、オリンピアンの宇佐美彰朗先生が主宰するアミノバリューランニングクラブに入会することにしました。クラブの合言葉はずばり「夢はホノルルマラソン」です。入会後は宇佐美先生からマラソンに対する姿勢や考え方を学び、ラン友さんもたくさんできて、さまざまな情報を教えてもらいました。夏には合宿に参加したり、誘われてハーフの大会にエントリーしたり、と充実のラン生活が始まったのです。

そして臨んだ2度目のホノルルマラソン。〝歩かない「完走」〟を目指していたのに、最後の最後、40km地点手前のダイヤモンドヘッドの坂で歩いてしまい、タイムは5時間でしたが「完走」ならず……。

ラン友さんからは、「ホノルルは気温が高くてアップダウンもあるので、初心者が〝完走〟や〝タイム〟を狙うのは厳しいよ」とアドバイスを受け、なるほど、と納得。ならば、地元東京でコースも平らな「東京マラソン２０１３」がベストと狙いを定め、高倍率の抽選を避けてチャリティー枠でエントリーしました。

そして、３度目の正直。ラン友さんのアドバイスが功を奏し、スタートからフィニッシュまで、初めて歩かずに「完走」できたのです。嬉しかった。しかも、タイムは4時間31分とホノルルでの初フルから1時間も短縮していました。そして、これが「次」への誘い水となりました……。

実はこの年、つまり私が初めてフルマラソンを歩かずに完走した2013年から、奇しくも東京マラソンがワールドマラソンメジャーズ（WMM／東京、ボストン、ロンドン、ベルリン、シカゴ、ニューヨーク＝世界6大マラソン）に組み入れられることになったのです。

ここで再び悪魔のささやきが……。

「世界6大マラソン、すべて完走したら面白いかも」

WMMの6大会すべてを完走した人には“Six Star Finisher”（SSF）の称号が与えられます。当時、日本人のSSFはわずか8人しかいませんでした。これは挑戦する価値があるかも。

しかも、初フルから出るたびに30分ずつタイムが縮んですっかり気をよくした私は、ひそかに「WMM制覇」（毎年1レース完走）と「サブ4」を狙うという2つの目標を掲げることになったのです。

【ニューヨーク】２０１４年11月。初の海外遠征はNYCM（ニューヨークシティマラソン）でした。毎年1レースを確実にこなすため、クラブツーリズムの「世界を走ろう」を使うことに。出走権に加え、往復の飛行機、宿泊、コース下見、などがパッケージになったツアーです。金額は多少高めではあるものの、至れり尽くせりでとても便利です。

2014年、WMMの初遠征はニューヨークマラソン。

NYCMはタイム別に時間をずらして出走するウエ

ーブスタートを採用しているのですが、何かの手違いで初心者の私がなぜかAブロックでのスタートに。屈強な外国人男性ランナーに囲まれ、恐怖のスタートとなってしまいました。しかし、道中はキロ6分ペースを維持することを目標に、4時間9分で無事フィニッシュ。

2015年、東京マラソン初当選。4時間33秒でわずかにサブ4ならず。

【東京】２０１５年２月の東京マラソンはチャリティーではなく見事当選！　サブ4狙いでしたが1月に車で追突事故に遭って鞭打ち症に。当日は痛み止めを服用しての出走。4時間33秒と、わずかにサブ4ならず。

【シカゴ】２０１５年10月。シカゴマラソンは一般エントリーで当選。平坦なコースでタイムが出やすいとの評判のため、サブ4のペーサーについていく作戦……が、またもや体格の良い外国人ランナーに挟まれ、背の低い私は他のランナーの肘にぶつかりながら走る羽目となりあえなく離脱……。4時間20分でのゴール。

【ボストン】２０１６年4月。世界最古の市民マラソンとして有名なボストンマラソンに参加。ツアー枠での参加なので一番後方からのスタートに。コースは一方通行の下り基調で楽勝との評判のはずが、微妙なアップダウンが続くなかなかの難コース。タイムは4時間23分。フィニッシュ地点傍には、

２０１３年のテロを悼むモニュメントがあり、無事に開催できたことに感謝しました。

【ベルリン】２０１７年９月。高速コースで有名なベルリンマラソンへ。実は前年３月の名古屋ウィメンズマラソンで初のサブ４を達成し、何としても海外でもサブ４がしたい！　と臨んだレースでした。小雨交じりでマラソンには絶好のコンディション。そして３時間59分とギリギリでしたが念願の海外サブ４達成！　初めてゴール後吐いてしまいました。寒かったこともあり、お楽しみのビールは吸い込み悪し……。

2017 年、ベルリンマラソンでついに海外サブ 4 達成。

【ロンドン】２０１８年４月。いよいよ夢に見たＳＳＦコンプリートに向けて、残すロンドンに挑戦。大会前日は、エリザベス女王の公式誕生日を祝う祝砲イベントをハイドパークで見学、そして迎えたレース当日は、なんとエリザベス女王自らがスターターを務める（ウインザー城からのリモートで大型スクリーンに映し出される）演出で、ランナーの盛り上がりは最高潮に！　しかし、この日のロンドンは異常気象で記録的な高気温。おかげでＷＭＭワースト記録の４時間23分での終了でした。とはいえ、バッキンガム宮殿を背に、ユニオンジャックがはためくザ・マルでのゴールは最高の気分です。ゴール後は完走メ

2018年、ロンドンマラソンで念願のWMMコンプリート。Six Star Finisher(SSF)に。

ダルに加えＳＳＦに与えられる鍋敷きのような大きなメダルをかけてもらい、念願のＷＭＭ制覇となりました。日本人１５４人目（たぶん）のSix Star Finisherとなったのです。

思えば遠くに来た（行った）ものです（笑）。今回原稿執筆の依頼があって、改めて12年のランニング生活を振り返ると、その時々によって楽しみ方が変わってきたことに気づきます。好奇心から始まったフルマラソン、サブ４達成、ＷＭＭ制覇、大人の合宿、大会応援、大会ボランティア参加、旅ラン、トレランもどき、ラン友さんとの交流などなど…。コロナで外出制限後は少々サボり気味ですが、ランニングを通して自分の可能性が広がり、知らない世界を見ることができたのは間違いありません。

そして、今年元日の能登半島地震。ランニングクラブのコーチのご実家が被災し、ラン友さんの間で支援グループが立ち上がりました。ボランティアとランニング、も新たな一つの形として加わりました。

間むつみ

ランニングがくれたもの

今回のテーマ「ランニングの多様性」について考えた時、結局のところ、自分にとってランニングがその時々にもたらしてくれたものを思い出し、書いていくことで、私にとってのランニングの多様性が見えてくるのではないかと思い、これまで書いてきたことと重複するかもしれないが、振り返りつつ書いてみることとする。というか、私に書けるのは、私の体験くらいのものだから、何だか同じ話になってしまうのも仕方ないと諦めて、しばしお付き合いください。

走り始めた頃～フルマラソンベストタイムが出せた頃

子どもの頃は運動が苦手で、走ることは好きではなかった。運動会が嫌いで、徒競走はビリかブービーメーカーが定位置だった。内向的で、大人しく、人見知り、中学、高校時代も運動部に所属することもなく、(中学時代に一年間だけ軟式テニスをやったけどすぐ辞めてしまった）走ることには縁がなかった。大学時代に山歩きのサークルに入り、長時間山を歩く楽しみを知ったのが、ランニングへの第一歩だったかもしれない。その後、社会人となり、友人に誘われたことをきっかけに、ホノルルマラソンを走るためにランニングを始めた。

1985年のこと、当時「週刊朝日」に連載されていた42・195キロへの挑戦のメニューを参考に5分走ることからスタート。シューズに関する知識もなかったので、最初は適当なランニングシューズもどきを履いて走ったが、初めてちゃんとしたランニングシューズで走ってみて、あまりの走りやすさに感動したのを覚えている。ランニングを始めて私に身についたのは、目的を果たすためにどのようにしたらいいかという計画性と計画遂行力。走ることを続けるうちに、持久力もついてきて、体力とともに気持ちの強さも段々と身についていった。ランニングは基本的に個人競技だが、誰かと一緒に練習することの楽しみもある。走歴一年目に、父親や会社の先輩が私の練習に付き合ってくれたことは今では懐かしい大切な思い出だ。このようにランニングは人との繋がりをもたらし、深めてくれるものでもある。もともと内向的で開放的ではなかった私だが、走ることで体がほぐれ、気持ちもほぐれ、思考に柔軟性が出てきたようにも思う。また、外を走ると季節を真っ先に感じることができ、感受性も豊かになるように思う。その後、初めてのホノルルマラソンツアーで出会った友人に誘われ、白馬でのランニングカルチャーで山西先生に出会い、この原稿を書いている次第だ。

初マラソン後もフルマラソンをメインに、仲間と

富士登山マラソン　4回目にしてようやく完走できた。

駅伝や登山マラソン、100キロマラソンなどにも参加するようになり、走る度にフルのベストを更新していった。運動が苦手だった自分でも、練習すれば着実に力がついて、国際女子マラソンを目指すようになっていた。当時大阪国際女子マラソンの参加資格の記録が3時間18分だったが、目指す大会で3時間19分3秒の記録に終わり、残念ながら参加は叶わず。この記録が結局私の生涯ベスト記録になった。目標を目指して、努力しても叶わないこともある、ということをランニングは教えてくれた。この大会の次の大会で、膝の半月板を損傷し、痛みと戦いながらのランニングとなる。

話は前後するが、フルのベストが出る少し前に100キロマラソンに挑戦した。第3回のサロマ湖100キロだったのだが、練習方法もわからず、最長練習距離がフルの距離という状態で参加して、最後には完走請負人を名乗る先輩ランナーに引っ張られて制限時間の約5分前にゴールすることが出来た。この時学んだことは、声を出すこと、応援に応えることで自分の中に力を沸き上がらせることができるということ、完走したい、という「気持ち」の大切さだ。

また、この一番走れていた時期には富士登山マラソンにも挑戦していた。4時間半という制限時間はなかなか厳しく、何度も下見ランを行ったりしながら4回目でやっと時間内完走を果たすことが出来た。

この時期ランニングが教えてくれたものは、努力は報われたり、報われなかったりするが、やれることを精一杯やることの大切さと気持ちよさ、だったかな。

故障、出産、子育てを経て

半月板損傷の状態のまま出産し、あまり回復しないので手術して、術後リハビリと子育て、職場復帰、とランニングどころではない忙しさの中だったのだが、あの頃はまだ国際女子マラソンを目指していたので、とにかく走ろうという気持ちが強かった。気持ちばかり強くて、実際は思うようには走れず、フラストレーションが溜まっていった。走ることは日常の忙しさから解放されるストレス解消の時間でもあったが、思うような走りが出来ない、というストレスを溜める時間でもあった。この時期一番印象的なランニングは、鶴

1992年九州横断ウルトラマラソンのゴール　140kmを22時間以上かけて完走した。この距離が私の人生最長の走行距離。

岡100㎞の初完走だ。手術後1年半で11時間制限をギリギリでクリアすることが出来た。今思い返しても、よくぞ走れたものだ。少ない練習時間でどうして完走出来たのか、もうあまり思い出すことが出来ないけど、一番重要だったのは「気持ち」かな？

その後、フルマラソンは自己ベストを更新することが出来ないままだったが、100㎞マラソンは鶴岡の制限時間の短さゆえに確か10時間40分というタイムを出すことが出来た。鶴岡100㎞についてはこれまでに何度も書いているが、10㎞周回コースで、スタッフのおもてなしが素晴らしく、1日時間を共にすると、スタッフもランナーも皆打ち解けて、また来年も走りたい、と思わせてくれるような大会だった。「だった」と過去形で書いたのは、残念ながら、2022年にファイナルとなってしまったからだ。だが、鶴岡100㎞に何度も参加させてもらったことで得られたものは計り知れない。多くの友人、100㎞のベストタイム、今の自分でどうやって走り切るかの戦略力と実行力、第2の故郷と呼べる場所、苦しさを乗り越える力と諦めることも必要ということなどなど。鶴岡100㎞を完走したい、と意気込んで参加していた頃には、完走が望めないようなランナー達がそれでもどうして参加するのかわからなかったのだけど、今思えば、不遜な考えだったなあ。鶴岡100㎞の目的は完走だけじゃない事は、自分が完走することが難しくなってから、よく理解できた。人は誰でも老いるし、速く走れなくなる時期が絶対やってくるのだ。鶴岡を完走できないという事実を受け入れることは、私にとって大事な学びだった。

だんだん走れなくなって

膝の手術から10年くらい経つ頃から、おそらく半月板がないために早めに変形性膝関節症のような状態となり、違和感を覚えるようになった。それでも、何とか方策はないものかと、それまであまり熱心ではなかったセルフケア、マッサージ等の施術、シューズの中敷のオーダー、テーピング、サポーター、等々色々と足掻いてみた。全く走れないわけではないが、きつい練習をすると痛むし、大会に参加するたびに完走できるか、いつも不安だった。

それでもそんな状態の中で続けられる限り走りたい、との気持ちが強く、年に1～2回フルマラソンやウルトラマラソンを走っていた。

だが、コロナ禍で大会自体が開催されなくなり、自分自身もゆっくりジョグしかしなくなって、だんだんと、もう大会は出なくてもいいかなという気持ちになっていった。ランニングによる故障が私に少し早めの「老い」を与えてくれた。こうやって少しずつ出来なくなることが増えていって、それを受け入れざるを得なくなり、身体の衰えとともに、気持ちも衰えていく。頑張ろう→でもきついな→無理したくないな→無理でしょう→やめておこう。

衰え初めたころは、そうなっていく自分が嫌だし許せない気持ちが強かったが、長いこと自分を許せないのはとても辛いので、次第にもういいか、という諦めの気持ちが芽生え、自分に甘くなっていった。ランニングは私に早めに「老いる」ことを学ばせてくれた。若い頃には自分に厳しくすることを教えてくれたけども、時を経てダメな自分を許すことも教えてくれた。

ランニングは私の膝を早めに痛めたけれど、その状態でなんとか望むようにやっていく方法を学ぶことも教えてくれた。膝が痛いからといって、すぐに運動をやめてしまったら、もっと早く動けなくなっていったことだろう。この膝が少しでも長持ちする方法があるのではと思い、会社を早期退職して鍼灸を学ぶことにした。3年間専門学校で学び、鍼灸師となったが、これもランニングに導かれた結果であろう。今では膝が痛めばお灸をして、延命を図っている。

最近ではランニングを卒業していく友人もだんだん増えてきたが、自分は、もういいかと思える時まで、細々とでも走り続けていくであろう。卒業の日が少しずつ近づいているなと思う昨今だが、まだまだ走ることが与えてくれる楽しみ、苦しみ、痛み、喜びを味わっていたいなとも思う。

ああ、もう、充分走った。と思えた後には、どんな気分になっているんだろう？　きっと晴れ晴れとした気持ちなんだろうな、と想像し、その日を少し楽しみにしている。

そして、自分自身はランニングをしなくなっても、大会ボランティアや鍼灸によるケアなどで走る人を応援し、走ることに関わっていたいなと思っている。

奥武蔵ウルトラマラソン　10回以上完走したけど、今は昔のお話。

西村かおる　ランニングの世界・友の会代表

多様な水辺を走る

アメリカ人の義兄に一緒に走ろうと誘われて走り出し、50年近くになる。今さらながら趣味としてよくも続いているものだと、つくづく思う。走ることは本能に近い動きでシンプルだが、それだけに奥が深く、走り方は多様で飽きないからだろう。走るたびに何かしらを発見し、楽しい。私は特に水辺を走ることが好きだ。水辺でも特に川に沿って走ることが好きだ。川は小さな水源から姿を変え続け、海までつながり、その間に人々の生活や歴史がある。車窓から川が見えるとその土手を走りたいと、首が痛くなるほど振り返って眺めてしまう。飛行機から川が見えれば、河口を確認し、後で地図と照らし合わせて川の名前と源流を確認する。そしていつか走ってみたいと思う。だから地図も好きだ。そんな水辺の走りをまとめてみた。

国分川水系・土佐日記の史跡探訪

「をとこもすなる日記といふものを、女もしてみむとてするなり」９４３年に4年間の土佐の国司を終えた紀貫之が55日間かけて京都へ帰る航海をつづった土佐日記の冒頭だ(1)。

私はコロナをきっかけに、実家のある高知と東京の二拠点生活に入った。高知県は北に四国山脈、南に太平洋が広がり、川が多い。実家は北山の麓で、すぐ傍を小さな東谷川が流れる。その小川に沿うと１㎞足らずで久万川、そこから２㎞程で国分川と合流し、浦戸湾に入る。国分川は紀貫之が太平洋に出るために船出した川だ。自然豊かな鄙びた国分川土手を12㎞ほど遡ると、荘厳な佇まいの重要文化財・国分寺と、だだっ広い畑の中の紀貫之屋敷跡に着く。屋敷跡は、曲水が流れる古今集の庭園となっていて、32首の和歌が草木に提示されている。観光地ではないから、ほとんど人はいず、昔の栄華は信じられないが、今は昔の平安時代を感じることができる。平安時代に浸った帰りは、反対側の土手を走る。だんだん高知市の現世の街並みが見えてきてタイムトラベルしたような気分だ。

　このコースを地図で考える時に、土佐日記も読み、走る時は「出ていたのはここかな、あそこかな」と、思いをはせた。しかしどうも、走ったコースと土佐日記がしっくりこない。そこで土佐日記に関する古い文献を探してみたら、９４３年の推測地図(2)があり、なんと走った土手のほとんどは海で（図1）、当時は高知平野の90％が海底だったそうだ。推定地図で実家はかろうじて陸地だか、入江らしいのにはビックリした。歴史の驚きと自然、知的好奇心に満たされたコースである。

四万十川桜マラソン・秘境の清流

四万十川は、高知県西部を流れる全長１９６㎞の四国内最長の川である。標高１３３６メートルの不入山（いらずやま）の東斜面が水源とされ、本流に大規模なダムが建設されてないことから「日本最後の清流」、また柿田川・長良川とともに「日本三大清流の一つ」と呼ばれ、日本の秘境１００選にも選ばれている(3)(4)。余談だが個人的には高知には更にきれいな仁淀川があることをお伝えしたい。

　私は２０２３年３月16日、第15回

図１　紀貫之行程

文献１)「紀貫之の土佐日記は航海記 2020 11-12」より引用

発行所株式会社リース

〒 780-8040　高知市神田 2126-1

写真１　四万十川マラソンコースの沈下橋

四万十川桜マラソン大会に参加した。四万十川のマラソン大会というと高知でもウルトラマラソンと思われるが、１００㎞大会は10月だ。私は10回大会に走ったが、四万十川を楽しむには、桜マラソンの方が体力と気分に余裕があり良いと思う。何より、ほぼずっと沿道に桜が咲き誇り、花びらを受けながら、菜の花と四万十川を見て走る。コースは土佐街道と呼ばれる一通コース(5)で、時々橋を渡る。橋には増水時、沈んで流されるのを避ける沈下橋もあり、足元に清流を実感できる。（写真1）

　コース地図（図2）で注目して欲しいのは、曲がりくねり、所々ループになっている点だ。一通コースにも関わらず、走っていて何度も「ここは、さっき、走った」と感じた。それは大きく蛇行する清流の後ろに眉型の山という同じ風景がループごとに何度も展開されるからだ。山は芽吹き始めた緑に淡い桜がまじりパステルカラーのパッチワークの様だ。よく見れば山ごとに異なるのだろうが、人工物が一切ない景色は、外から来たランナーには同じに見える。以前ブラタモリで、この風景こそが、四万十川が創った景色だと放映

図２　四万桜マラソンコース地図　「四万十川桜マラソン 23 パンフレット」から引用

したことを思い出した。長い長い年月をかけて、川が山を囲むように雄大に浸食していったのである。

この地域は２００９年２月に「四万十川流域の文化的景観」が重要文化的景観に選定された。近年は高齢化と過疎化が進み、流域人口が激減して、生活の存続が困難な状況になっているそうで、文化的景観の保護・活用を図るそうだ（4）。確かに、ところどころの集落で応援してくれる村人は後期高齢者がほとんどであった。秘境の自然の美しさを守ることと生活を維持する困難さ、共存はできないものか、と思いながら今年も参加する。

江戸の上水
神田上水・千川上水・玉川上水の源流

江戸では人口増加にともない飲料水確保のために、神田上水、玉川上水、本所上水、青山上水、三田上水、千川上水の６上水が設置（6）された。

東京の自宅は少し高台で50ｍほど坂を下ると善福寺川（神田上水）にぶつかる。善福寺川を１００ｍほど遡ると、善福寺川と神田川の水源の一つである善福寺池で、上の池と下の池の2つの池を囲み、一周1・6kmの善福寺公園となっている。桜や銀杏の大木も多く、カワセミや渡り鳥などの野鳥もたくさんいて、ボートを漕ぎながら四季を楽しむこともできる。善福寺池から1km程に桜並木のせせらぎ千川上水が流れ、千川上水を遡ると玉川上水に合流する。因みに千川上水、三田上水、青山上水は玉川上水の分水である。玉川上水は全長43kmで、羽村の多摩川から取水している。有名な話だが、玉川上水は1653年、玉川兄弟が莫大な私財をつぎ込んで開削した(6)。水源地羽村の堰、の脇には工事に臨む玉川兄弟の銅像が立っている。もう一つ、玉川上水で有名なのは太宰治が入水心中したことだろう。三鷹駅の近くを流れる現在の玉川上水は、「こんなせせらぎで?」と信じられないが、昭和23年当時は「人食い川」と呼ばれ、水量が豊富で勢いも強かった(7)そうだ。

　玉川上水は杉並区の井の頭線・富士見が丘駅近くで暗渠になるまで31・5km、ほぼ川添いに道がある。私は千川上水の合流地、水源から23・5km地点から遡ることが多い。玉川上水に平行するように多摩湖サイクリングロードが続き、間に小金井公園や小平中央公園など広い公園もあるので、コースは取り放題だ。また縦の玉川上水を横切るように、西武多摩湖線、西武国分寺線、多摩都市モノレール、西武拝島線、JR青梅線などが通り、状況に合わせて電車に乗れるのもありがたい。しかし何といってもこのコースの魅力は、武蔵野の美しい雑木林に囲まれた土手だろう。春は桜に新緑、夏は日差しを遮る茂った木々と川の流れ、秋は紅葉、冬は木立の暖かな木漏れ日。走りながら実に癒される。また岸壁が土のところもあり、玉川兄弟が開削した当時とそれほど変わらない景色と言われるのも江戸を身近に感じ、趣が深い。自然、歴史、生活を感

写真2　玉川上水　土の岸壁

じる素晴らしいコースである。このコースにとても参考になるのは文献(7)「玉川上水散策絵図」で、水源から暗渠までを楽しく、わかりやすいイラストで描いた地図だ。私は補強して必帯し、走るたびに自分の情報を書き込んでいる。そんなマイ玉川散策絵図を作るのも楽しい。因みにこの作者は山地図も出版しているが、多摩川、荒川・隅田川、神田川、四万十川などなど、川散策地図を11シリーズ以上も出しているから、川と地図に強く魅せられた一人であろう。いつかの日か、各々の地図を手に、全部の川を走ってみたいとワクワクしている。

写真3　玉川兄弟の像がゴールで迎えてくれる

【引用・参考文献】

(1) 西野恕：紀貫之の土佐日記は航海記　2020　11-12

(2) 平尾道雄：県民グラフ歴史特集　土佐その風土と史話　高知県　昭和48年　8-9

(3) 高知県庁ホームページ https://www.pref.kochi.lg.jp/info/shimanto.html　2024月10日

(4) 三浦要一：四万十川流域の文化的景観　大学的高知ガイドこだわりの歩き方2019　224-228

(5) 四万十川さくらマラソン実行委員会：2023　PROGURAM　2023　7

(6) 西東社編集：地図と写真でわかる江戸・東京　2020　88-89　140-141

(7) 松村昭：玉川上水散策絵図　1998

八塚英嗣　ランニングの世界・友の会

帰り道に少し走ると何かが見えてくるかもしれない

走り始めて30年余り、素人ランナーの端くれとして「毎日、少しでも走りたい」と思っていました。また、勤め人の端くれとして転勤や部署の異動で様々な勤務地を経験してきました。二律背反、勤め人の宿命で走る時間がとれません。そんな勤め人ランナーには帰宅時のランニングが時間作りの有効な手段になりました。コロナ感染拡大を経たこの5年間も、在宅勤務や勤務地が変わったりしましたが、それでもいろいろなコースを経験しました。電車や車では見ることができない街の表情を見ることもできます。そんなコースをちょっとだけ紹介してみます。還暦をとっくに過ぎたおじさんで、ハードなトレーニングではありませんし距離も長くありません。でも、だからこそ続けることができているように思います。

〈帰り道ランニングは〉

・終点は駅で途中から電車に乗って帰ります
・なるべく信号がない、または少ない道筋を選びますが都会では難しいです
・歩行者、自転車を邪魔しないで安全第一
・汗をかいたらこっそり着替えます
・荷物の重さはだいたい3キロ前後です

〈都庁から池袋駅〉

神田川を辿る都会の裏道コース

新宿（都庁）〜池袋駅

新宿西口の都庁の隣のオフィスに約10年間通っていました。午後5時の終業後、コッソリ着替えをすませて、走り始めます。都庁第1庁舎と第2庁舎の間を抜けて新宿中央公園経由で熊野神社へ。十二社通りを少し走ると神田川沿いの歩道に出会います。この辺りは見上げると高層の建物が林立した都会です。「窓の下には神田川」ですがコンクリートで護岸されて情緒も哀愁もありません。それでも川沿いには小さな緑地や並木もあって都会の中の静かな裏道という雰囲気です。青梅街道、大久保通り、早稲田通りなどとの交差点では信号待ちになりますが、ちょっとした休憩には良いタイミングです。落合から神田川に別れを告げて西武新宿線の踏切を渡ります。新目白通りを横切り落合第4小学校前の坂道をゼイゼイと駆け抜けて目白駅前に出ます。この付近はたくさんのキレイな女子大生がたくさんいらっしゃるので、おじさんはドキドキしちゃいます。そこから池袋へはJRに沿った細い道を辿りますがこんな道でも車が入ってくるので気は抜けません。ゴールは池袋の西口。駅近くは雑踏でほとんど歩きになってしまいます。距離はだいたい6㎞です。

〈茅場町から浅草駅〉
隅田川テラスは浅草へのリバーサイドコース

コロナ感染拡大の２０２１年、新宿の営業拠点が茅場町に移転して、金融の街、兜町から永代橋を経て隅田川右岸を遡上するコースが定番になりました。「春のうららの隅田川」テラスを走るコースです。清洲橋、新大橋、両国橋を潜り抜け、屋形船、観光船の往来を見ながらのジョギング、時代劇の舞台にもなっているこのエリアに江戸の街を感じたりします。隅田川テラスにはボランティアの方々による花壇、小さなドッグランもあってのんびり散歩する人もいます。国技館に向かう両国橋を過ぎると浅草まではもう一息です。スカイツリーが大きくなってビール会社の泡が間近に見えてきます。吾妻橋の赤い欄干を目指してゆっくりとジョギングしてテラスから雷門通りに上がると吾妻橋交差点の人混みに遭遇します。ここまで５㎞。雷門まで海外からの観光客があふれてとてもじゃないけど走れません。だけど「Welcome to Japan、他の国ではなくて日本に来てくれてありがとうございます」と心の中でつぶやいています。

茅場町～浅草駅

〈秋葉原～上野駅〉
電気街から湯島天神を経て上野公園

２０２２年、２度目の定年を迎え、初の転職、秋葉原の新しい職場になりました。朝の通勤は上野からアメ横経由で１km余りを歩いています。24時間営業の居酒屋はあるもののほとんどのお店はまだ眠っていますし、人通りもまばらです。しかし、夕方の帰り道、この通りは全く別の顔になります。居酒屋を探訪する人々、海外からの家族連れ観光客、いちゃつく恋人たちが狭い通りにあふれかえります。さすがに走れません、というよりおじさんは歩くにも苦労してしまいます。仕方がないので、電気街から中央通りに迂回します。メイド喫茶のお姉さんの誘いを振り払い、上野広小路交差点を左折、学問の道に入り菅原道真公を祀る湯島天満宮にお参りします。不浄な心が洗われていきます。そのまま天神口まで下り不忍池から上野公園を経由して上野駅公園口に到達します。上野周辺は国立科学博物館、東京芸術大学などアカデミックなエリアになっていて、私のような高尚なおじさんには心落ち着く場所なのです。距離は４km、短くて紆余曲折がありますが楽しいコースです。

秋葉原～上野駅

〈松戸駅から新松戸〉
約6㎞、夏は暑さ爆発です

夏は夕方でも暑さは厳しくて、軽く走っても滝の汗がガンガン流れます。Ｔシャツを替えても汗は止まらず、とても電車に乗ることはできません。それで夏になると松戸駅で下車して自宅へ向かうコースを走ります。松戸駅改札から近い西口公園をスタートして市街地を抜ける坂川沿いの歩道がメインルートです。夕日に映えるパン工場、競輪場を見ながら川に沿って走ります。ほとんど信号はありません。北松戸駅、馬橋駅を過ぎると流山電鉄の線路脇の小径になります。少しでも立ち止まるとここぞとばかりに汗が吹き出してきます。新松戸駅を過ぎて自宅まで約３００ｍ、この付近で近所の方に見つかると「変わり者」のレッテルを貼られてしまいますので、コソコソと隠れるように走らなければなりません。そしてたどり着いた自宅の玄関には、きれい好きな嫁様によって玄関マットではなくバスタオルが置かれています。廊下を汗で濡らさないように細心の注意を払いながら風呂場に直行します。火照った体へは少しずつ水温を下げながらのシャワーは最高に気持ち良くて、頭の中は既にビールで一

松戸駅〜新松戸

杯になっています。

番外編〈広島駅から平和記念公園まで〉故郷で平和について考える

帰省して広島の街を走りました。広島駅前をスタートしてかつて通った小学校、中学校を経由し新サッカー場、平和記念公園までの約5㎞のコースです。「思えば遠くにきたものだ」、故郷を離れてから50年近くの年月が流れたことになります。街並みは大きく変わっていますがかつての通学路には純真なあの頃の自分がいるような気がします。そして新しくできたサッカースタジアム（ピースウィング広島）から整備された市民球場跡地、広島平和公園へのエリアは世界平和を発信する聖地になっています。サミットで各国首脳が訪れた平和記念資料館（通称原爆資料館）への入場に、海外の様々な国からやってきた人々や少年少女達が長い列を作っていることに心を動かされました。誰もが平和を望んでいるのに紛争が絶えないこの世界で、広島は国際平和文化都市としての使命を担った貴重な街だとあらためて思いました。

＊地図はいずれもGoogle社「Googleマップ」を引用したものです。

広島駅～平和公園

手紙

加川雅昭

あれからもう20年以上経つけれど、60代半ばのあなたはまだまだ元気そうですね。いろいろあったけれど最近は安心しています。少し血圧が高いとか肩こりなど身体の不調があるのは、あなた自身がわかっていることだから。

小さい頃は、よく熱を出したり風邪をひいて心配させられました。近くのT病院には何度か負ぶって行ったことを覚えています。松山行きの汽車に乗ると、あの独特の臭いからか必ず途中で吐いていましたね。それでも幼稚園に入る頃には、チャンバラや忍者ごっこ、相撲に夢中になるほど活発になり、近所の子どもたちや店で働く定時制のお兄ちゃんたちと遊びまわるほどになりました。

左手をぶらんと下げたまま帰ってきた夏の日のことは、もちろん覚えていることでしょう。となりのJちゃんと一緒に遊んでいて神社の石灯籠の石を自分の腕に落とし、肘にヒビが入り2週間のギブス生活。Jちゃんとは、それ以外にも近所の家の屋根に上ってみたり、一人ではできない冒険をしていたようですね。ガキ大将でもなく、大人数で遊ぶ訳でもなかったみたい。二つ上のY姉ちゃんがいたことで、幼稚園に入るまでは遊び友だちは女の子の方が多かったかしら。

幼稚園でできた友だちと帰りがけ寄り道して、牛乳工場のゴミ捨て場に忍び込み、牛乳瓶のふたを山ほど持って帰ってきたり。小石でバッティング練習して、近所の家のガラスを割ったり。幼稚園の運動会で一緒に走ったことは私も覚えていますよ。私がそんなに速くなかったせいで一等賞ではなかったわね。でも、アイスケートだったらもう少し速かったのに残念だなあなんて思っていました。大連にいた頃は冬になると天然の池の氷で滑ったり、校庭に水を撒いて凍らせ授業をしたり大会が開かれていたから。

あなたの学芸会の演目は忘れたけれど、観ているうちに女子商業学校時代の修学旅行を思い出したわ。宝塚の公演を観劇して感動した時のこと。大きな船で同級生と一緒の内地への初旅。京都、奈良など4泊5日の旅だったかな。あなたが舞台の仕事を始め旅公演で一年の半分を過ごしたり、ビデオのディレクターの仕事に就いたりするきっかけとまでは思わないけど不思議なものです。

小学校の運動会では、あなたはリレーのメンバーには選ばれていたけど、障害物競走が好きだと言っていましたね。スピードを競って一番になるより、予想外なことが起こりながらも楽しみながら乗り越えたい気持ちが強かったのかしら。

そんなあなたがどうして50歳を過ぎてから走り始めたのかしら。中学のバレーボール、高校での卓球、大学でのアーチェリー。その後は草野球くらいしか興味がなかったように聞いていたのに。

第1回東京マラソンの凍えそうなあの日、青森からわざわざ上京して走る友人をあちこち移動しながら応援したと聞いた。それと、一日中霙が降りしきるなか、あんなにも多くの人たちが白い息を吐きながら、なぜか楽しそうに走っているのがとても不思議に印象に残ったのね。そんなに楽しいなら自分も走って同じ感動を覚えてみたいと思ったのかな。

お父さんも会社の人に誘われて、ビリヤード・バレーボール・卓球などの大会に出たり、引き揚げて来てからは謡・詩吟・釣り・ソフトボール・ボーリング・書道・組紐など、いろいろと楽しんでいたから。私はこれといった趣味のようなものは無かった。あなたたちの成長を見守りながら、毎日のほっとした時に心に浮かぶ習った訳でもない短歌や詩のようなものを広告裏のメモに綴ることぐらいかしら。

これから年齢を重ねれば重ねるほど、言葉では言い表せられない深い悲しみを感じることが多くなるかと思います。これまでに感じたことのない痛み、辛さ、虚しさなどが心の奥に突き刺さり漂い続けるかも知れません。子どもの頃のように、一晩ぐっすり眠れば翌日にはすっきりした朝を迎えられるなんてことはありません。

それでも、あなたは初めてのマラソン大会のスタート前に感じたワクワク感、とても調子が良くてもっともっと速く走れると感じた高揚感、ゴールした時の達成感などを思い浮かべることができますよね。これからも走り続け、あるいは歩き続けることでまた新たな感動を生み出すこともできます。だから、私はこれまでと同じようにあなたを見守りながら、何か少し気持ちが落ち込んだ時には手紙を綴ります。

これは、近くの公園などに舞い落ちた枯葉に綴られた母からの手紙の一部です。

そして、以下は実際に母がメモしていた詩と短歌のようなものです。

「生まれし家も　学び舎も　あの星ケ浦　老虎灘（ろうこたん）

港橋から大広場　ヤマトホテルを左見て　西広場から常盤橋

大正広場へ向かいましょう」

「離れ来し　我がふるさとは　今もなお　香りなつかし　アカシアの花」

加川の今年の四季の句。

「豆撒きは　家族総出の　家族劇」

「念仏の　言の葉あまた　蝉時雨」

「慰霊碑に　風の供へし　松ぼくり」

「順風も　逆風もあり　懐手」

「カラダ」と「ココロ」を知り尽くす本

福田由実　編集者・ライター

◆呼吸も鍛えられるという発見

『スポーツにおける呼吸筋トレーニング』

山地啓司、山本正彦、田平一行編著　ブックハウスＨＤ

「呼吸筋トレーニング」をご存じだろうか。実はこのトレーニングは、とても重要で、ランニングなどの持久系だけでなく、サッカー、ラグビー、格闘技など瞬発的なパワーを必要とするスポーツでも不可欠といわれている。欧米では高齢者の健康維持・増進にも有効とされているのだ。

本書は、富山大学名誉教授の山地啓司とその研究者仲間による「呼吸筋トレーニング」の啓蒙書だ。持久力のある人を俗に心肺能力が高いというが、実は、心臓（＝循環器系）と肺（＝呼吸筋）の両方を一つのトレーニングで鍛えるのは難しいという。同じ強度の運動負荷をかけたとき、心臓が活動のピークに達しても、肺はまだピークに達しないからだ。これは呼吸の特性で、肺は疲労を感じると活動筋（脚）の筋肉の血管を収縮させて呼吸筋の血流（酸素）を確保し疲労を遅らせる仕組みがある。心肺同負荷では呼吸筋の強化不足が起こるのだ。このため呼吸筋を鍛えるには通常の負荷以外に、呼吸筋強化を目的としたトレーニングが必要になってくる。専用の器具もあるが、肺一杯に息を吸い、細くゆっくり長く吐く呼吸を繰り返すトレーニングでもいい。呼吸筋を鍛えると全身の持久力がさらに高まる。ちなみに呼吸筋とは、横隔膜と肋骨の間をつなぐ内外の肋骨筋とその周りの筋肉のことで、吸気なら僧帽筋や斜角筋が、呼気なら腹直筋や腹横筋などのコア筋が加わる。

日本のスポーツ界ではまだ「呼吸筋トレーニング」を本格的に取り入れているところは多くないようだが、本書は啓蒙を目的としているだけに、実に行き届いた一冊である。基礎編と実践編の2部に分かれており、基礎編では、呼吸そのものの仕組みや機能、呼吸筋トレーニングが注目されるようになった歴史から、なぜ呼吸筋を鍛えることが記録向上につながるのか、さらにはそのトレーニングの方法まで、生理学的データと内外の実験結果で解説している。その上で、実践編では、スポーツ種目別のトレーニング方法が示されている。例えば、陸上の中・長距離、マラソンとウルトラマラソンの場合。さらには、登山、水泳、自転車競技での実践について。球技スポーツ、例えばサッカー、ラグビーでの呼吸筋トレーニングの必要性と効果についても。それぞれデータやトレーニング画像もあって大変わかりやすい。陸上の中・長距離の指導者やスポーツ科学を学ぶ学生、運動生理学に興味のある一般ランナーは手に取ってほしい本だ。

（2023年7月1日初版）

◆走る求道者が到達した世界観

熟達論

為末大著　新潮社

為末大の新刊『熟達論』が話題になっている。為末大は、400メートルハードルの日本記録保持者で、オリンピックに3度出場、世界選手権で2度銅メダルに輝いている。短距離で日本に初のメダルをもたらした人物だ。2012年、34歳で現役を引退してからは、起業して事業家となり、メディアに出演し、身体に関するプロジェクトに関わり続けている。

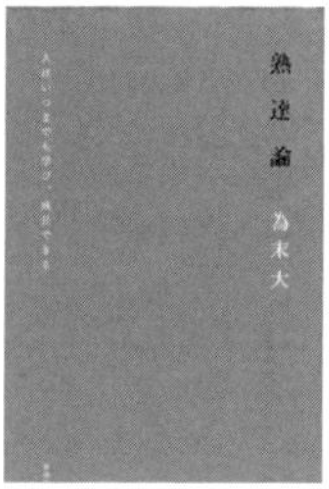

その為末が引退後の10年間を経てたどり着いたのが、本書だ。引退で「練習時間が必要なくなり好奇心が爆発した私」は、「あらゆる熟達者と思われる方と話させてもらった」という。その経験も含めて「一人の人が総体として学習し、熟達していくこと」はどういうことなのかを追求し、たどり着いたのが、熟達への五段階の探求プロセス、「遊」「型」「観」「心」「空」だ。

熟達の第一歩は「遊び」から始まる。「遊」は文字通り遊ぶこと。為末は「主体的であり、面白さを伴い、不規則なもの」が「遊」だという。子供の遊びに近い感覚といえる。その「遊」が進化した段階が「型」だ。型は、「土台となる最も基本的なもの」で、「遊」を発展させていったところに存在するものだという。スポーツのフォームなどもその一つで、試行錯誤と鍛錬の結果習得されるものである、と。その次の「観」は、「型」を習得したことで見えてくる世界だ。ランニングでいえば、地面に片足が触れ、体重が乗り、地面から力が返り、足が離れるという動きのパーツが見えてくる時期で、観察力と感覚が研ぎ澄まされてくる段階であるという。次の「心」は、自分の中心が見えてきて脱力ができる段階。自然体で自在に動けるようになることから「構え」がなくなり、ここから個性も出てくるという。既にかなりの成熟度だが、では最後の「空」とはなにか。これは「心」で見えてきた中心すらも手放す段階だという。スポーツの世界でいう「ゾーン」の境地。この段階まで来ると、観察する「私」すら不在になる。ここが熟達の最終段階である。

　為末は、現代の『五輪書』を目指したという。では、この「空」ですべてが完成するのか。結論から言えば、否だ。「空」は一つの境地であり、ここまで到達した経験値は残るが終わりではない。というより、「遊」で始まった熟達の道は、再び新しい「遊」へ向かうのだという。為末大の競技者人生とその後の境地をともに味わい、静かな余韻に浸ることができる好著だ。　（2023年7月15日初版）

◆走るあなたの解体新書

ランナーのカラダのなか

藤井尚人著　小学館

　科学的データでランナーを解剖するとこうなりますよ、という本が登場した。筑波大学体育系助教の藤井尚人がランナーのカラダを徹底的に図解した一冊だ。ランナーとい

えば、都市伝説あるあるで、「脚がつったら激辛食品をなめればよい?」「ウインドスプリント（流し走り）で疲労を飛ばせる」といった嘘か誠かわからない迷アドバイスが山ほどある。そんな疑問にも答えてくれるし、「代謝って何?」「乳酸って疲労物質?」「ミトコンドリアってなに?」といった、ランニングに関わる運動生理学的な基礎知識も図解入りで説明してくれる。
　地球上の生き物でフルマラソンを走ることができるのは、暑熱下でも汗をかいて熱を逃がす放熱機能を持っている人間だけの能力だという。その人間が、体に入った栄養をどのように分解して摂取（代謝）しているか、その栄養が代謝によってどのようにランニングのエネルギーになって使われているかは、ランナーだったらやっぱり知っておきたい。また、ランナーの疲労の仕組み、筋トレ効果はあるのか、LSDと高強度トレーニングはどっちが効果的か、ラン後にマッサージをしていいか、といった疑問にも、最新の運動生理学と、科学的エビデンスによる説明がなされている。ランナーといわず、定期的に走る人なら持っていてほしい本だ。
（2023年10月23日初版）

◆ミドルからシニアの健康寿命に貢献

ミドルエイジからの“がんばりすぎない”ランニング

中野ジュエームス修一　扶桑社

中野ジェームス修一は、若手からお年寄りまであらゆる人々に運動と健康を伝授している日本で最も有名なフィジカルトレーナー。本書は、ミドルエイジのランニング初心者に向けての指南書だが、ランニングそのものより、走ることが「膝痛」「関節痛」「腰痛」「尿漏れ」を防ぎ「認知症予防」にもなるという、むしろその効果の方に力を入れているところが出色だ。「痛み」を遠ざけるための膝周り、足回りの図解入りストレッチは、とてもわかりやすい。椅子に座っての尿漏れ防止トレーニングなど、実際に試してみたくなる。ほかにも熱中症予防、脱水症予防などのすぐに役立つアドバイス、成人病予防対策など、至れり尽くせり。誰もが心配な認知症予防についても、脳トレより運動の方が効果的と背中を押してくれる。家の中でもできるトレーニングと歩いてもいいランニング、これは癖になるかも。

（２０２３年9月30日初版）

◆お尻で走れば楽になるという実践

がんばらないランニング

三津家貴也著　ＫＡＤＯＫＡＷＡ

こちらはもう少し若手向けの一冊。筑波大学から大学院まで進んだというイケメンランナーの登場だ。三津家貴也（みつかたかや）は、ＳＮＳのフォロワーが80万人を突破しているというインフルエンサー。ランニング初心者に「お尻ラン」を伝授している。三津家が提唱するのは、「がんばらない」「追い込まない」ランニングで、提唱しているのが「楽しむこと」と「お尻を使うこと」だ。三津家のカラー写真がちりばめられている本で、「お尻の大きな筋肉を使うために、膝を曲げずに股関節の付け根から脚を大きく動かす（伸展させる）走り」も分解写真で見せてくれる。彼が勧めるきれいなフォームは、体が一直線に立ち、お尻と股関節の伸展を意識した、無駄な力のかからないフラットな着地。そうすればケガなく楽しく走れるという。若手女子のお尻ランナーがどれだけ増えるか楽しみだ。

（２０２３年5月25日初版）

河合美香 龍谷大学

ランニングへの多様な関り
—アスリートから市民まで、ランナーから裏方まで—

ランニングとの出会い

毎朝、父の後ろにくっついて走っていた幼少期。この時、父の後ろにくっついていくことが目的であったため、ランニングに特に興味はなかった。体育全般が苦手で大嫌いであった。ところが、朝の父とのランニング中にすれ違っていた小学校の先生の勧めで市の体育祭を目指して練習することになった。そして市の大会の１０００ｍで優勝。この時の先生との出会いが、私をランニングに引き込んだのかもしれない。

その後、中学生から高校、大学、そして卒業後は実業団に所属して、日々、トレーニングに励んだ。この時期の私のランニングの目標は、記録の更新や勝利など、「アスリート」として競技力の向上であった。以前には考えられなかった

写真１　競技力の向上を目的としていた実業団時代（有森裕子さんのオリンピック代表決定）1992 年

変わりようである。実業団では、市立船橋高校（千葉県）の教員から「オリンピック選手を育てたい」との夢の実現のために実業団に転職した故小出義雄監督が率いるリクルートに所属して、世界での活躍を目指した。チームメイトの有森裕子さん（女子マラソン）や志水見千子さん（５０００ｍ）が世界で活躍していたが、私の方は怪我や不調が回復せず、競技をあきらめてリクルートを退職した（写真1）。

アスリートから一般人へ

緊張感のある競技生活から解放された反動か、短期間で体重が20kgくらい一気に増えた。久しぶりにランニングした時に身体が重く、呼吸が苦しかったことを今も覚えている。競技生活での心身のストレスは、現在の「女性ランナーの諸問題」の研究に大きく影響している。

競技生活から離れてから、ランニングに対する価値観が少しずつ変化してきた。前ばかり見て走っていたそれまでと異なり、公園や川沿いで花の色づきに気づき、草木の香りを感じ、身体に新鮮な空気が入ってくるようになった。

京都を拠点に

関東から京都に拠点を移してから、一般ランナーとの関りが増えた。早朝、京都御所に集まって「練習会」を開催。ランニング後、「お疲れ様でした」と解散したら、「河合さんの練習会はストイック」と言われた。どうやら練習会の後の談笑、また飲み会を楽しみにしているランナーが多いようだった。

「走り初めラン」は、新年を迎えた週末に数年、継続した。京都市内の中心を流れる鴨川沿いに集合して新年の挨拶をした後、初詣客を横目に上賀茂神社と下鴨神社、伏見稲荷神社など、観光地としても有名な神社をめぐり、銭湯で汗を流した後に食処でそれぞれのランニング談義に花を咲かせた。

酒蔵で有名な伏見の酒蔵地域でそれぞれ自慢の新酒を紹介するイベントの日に合わせて練習会を企画したこともある。ランニングの後に試飲めぐり。ただ、ランナーには酒好きが多く、「危険かもしれない」とその後は、自重することにした。

京都マラソン

「京都マラソン」は、毎年、一年で最も寒い2月に開催される。天候や気温に右往左往させられるが、京都観光しながら走れる。また行政からすれば、観光の閑散期に市内の宿泊や観光地を活性化する目論見があるようだ。

ところで、「京都マラソン」は、２００７年に創設された「東京マラソン」を機に２０１２年に創設された。この年、折り返し地点を試走していたランナーと30分ほど立ち話したことがきっかけで、地元のランニングクラブに所属することになった。ランニング歴も年齢も職業もランニングの目的も多種多様なランナーが集まっては、ランニングを楽しんでいる。

「京都マラソン」の「試走」と称して楽しくおしゃべりしながら、コース沿いにあるパン屋や蕎麦処を巡るイベントは、ランニングを気軽に始める契機にもなっている。2月の大会本番ではクラブのメンバーが給水所やペースランナーとして関わる予定だ。

昨年11月。クラブのメンバーがテイラノサウルスの格好をして走るイベントを企画した。当日は暑いくらいの天候だったが、観光地で有名な嵐山の近くの公園に小獣（幼児）と中獣（小学生）、成獣（成人）のテイラノサウルスが集結し、準備体操とダンスの後、激走した。その様子は圧巻で、一方、家族総動員の参加もあり、微笑ましかった（写真2）。このイベントを

写真２　テイラノサウルスによるランニングへの誘い
上　テイラノサウルスのダンス
下　テイラノサウルスが走る

見物した人が翌年は、ボランテイアとしてイベントに関わるという好循環は、ランニングへの誘いになっているようだ。スポーツは「する」のみならず、「みる」、「支える」など、関わり方が多様になっている。

「なんだこりゃ」駅伝チーム

ランニング仲間と駅伝チーム「なんだこりゃ」を結成したことがある。滋賀県にある琵琶湖一周約200㎞の半分を関西の大学生、もう半分を一般人がタスキでつなぐ大会であった。

チームのメンバーの一人、Sさんは3歳の時の高熱が原因で、以来聴覚に障害をもつが、養護学校時代にランニングに出会い、あちこちの大会で実績を積んでいる実力ランナー。常に便箋とペンを持ち歩き、筆談でコミュニケーションをとっていた。ただ、周囲の人と同じタイミングで笑えないし、聴覚障害者は周囲から障害があることを気づかれないのが残念だと語っていた。

大会の前日からメンバーは現地入りした。しかし、大会役員の説明がSさんには聞こえない。宿泊先でSさんの連絡事項を伝えようと部屋に電話してもSさんには聞こえない。部屋に出向いてノックしてもSさんはノックの音が聞こえない。考えた末、部屋のドア下から連絡事項を記したメモ書きを何とか滑り込ませることに成功した。

駅伝の当日。私はSさんの次走者として待機し、「Sさ～ん！！」と叫んだが、Sさんには聞こえない。大きく大きく手を振りながら高く跳びはねたら、Sさんが私に気づいてタスキがつながった。

チームのタスキはゴールまでつながらず、結果は参加98チームくらいの中、88番くらいだったと記憶しているが、いろいろ経験してとても楽しい大会であった。

現在、Sさんに便箋とペンは必要なくなった。世の中、スマホがあれば、手軽に会話ができるようになっている。

元同僚と女性ランナーのセミナー開催

男性中心であったランニングの世界だが、近年、女性ランナーも増えている。リクルートの元同僚と「それぞれの立場からできることを世の中に還元したい」と女性ランナーを対象にセミナーを企画した。

私が健康づくりに有効な「にこにこペース」（田中宏暁先生が提唱）と食事についての講義を担当し、実技指導はアトランタオリンピックの５０００ｍで４位入賞した志水見子さんが担った。屋外に出て「さあ、にこにこペースで走りましょう！」。

参加者同士がゆっくりおしゃべりしながらランニングを始めてしばらくすると、年齢を重ねた女性の方々もゆっくりと走り出した（写真３）。周りのランナーの歩くくらいのスピードに感化されたとか。そして、「この私が走っている！」と誰よりもご本人たちが驚かれていた。なんでも、大病して入院、手術後の体力の回復法を知りたいとこの日のセミナーに参加されたらしい。「にこにこペース」は、身体も心も軽くした。

写真３　にこにこペースは心も軽くする（女性セミナーにて）

虹色のメンバーが大阪マラソンに挑む

「スポーツ法学会」にて、女性のランニングへの参画について紹介したことがある。この時に知り合った村木真紀さんは、認定ＮＰＯ法人「虹色ダイバーシティ」の代表・理事で、ＬＧＢＴＱ等の性的マイノリティとその家族、アライ（Alley; 支援者）の尊厳と権利を守り、誰ひとり取り残さない社会の実現に貢献することを目指している。「レインボーフラッグ（虹色の旗）」はＬＧＢＴのシンボルである。

虹色ダイバーシティのメンバーが大阪マラソンに参加すると聞き、また、組織の活動資金を得るために大会参加者からの寄付を募ると知り、事前のランニング教室を手伝うことになり、大会当日は、晴天のコースにランナーを送り出した（写真４）。大会に出場するランナーの目的は様々だが、大会は自己実現の場、またアピールの場でもあることを改めて認識した。

大会後、村井さんから、マラソン大会のエントリーの際に「男子」と「女子」の二つの選択肢しかない現状について、改善できないかと問題提起があった。私はそれまで性の選択肢が二つであることに何の疑いも抱いていなかった。

現在、私は「法学」に近い環境にあり、物事の公平・中立についても考えるようになっていることから、南アフリカの８００ｍ選手キャスター・セメンヤが、女性としての大会参加をスポーツ仲裁裁判所（ＣＡＳ）提訴したと知った。テストステロン（男性ホルモン）が多いことから競技に有利であるとして女性としての大会参加を制限されたからである。どう判断するか——。

写真４　大会出場には多様な目的がある
上：大会に向けた練習会
下：大阪マラソンへ！

近年、性別や年齢に関係なくエントリーでき、順位をつけないイベントが増え、他者や過去の自分と競うのではなく、ランニングそのものを楽しむことができるようになっている。スポーツの元々の語源は「気晴らし」である。社会の変化に伴い、ランニングにおいてもその関りが多様になれば、ランニングの楽しみ方も多様になるに違いない。

ランの経験が活きている

野口智子　走る画人

ポケット地図とカメラを持ってあちこち探検ラン。出かけた先々の写真を撮ってくるもよく思い出せないことがあり「だったら絵を描いてみよう」と思い立ち、スケッチランをはじめた。（ランニングの世界24号「スケッチラン」）

「時間があるなら走っていたい。」と思っていた私が、今は「時間があるなら描いていたい。」に変わり、ランニングに割く時間はぐっと短縮。一時間ほどの日の出スロージョギングで、ご近所を周ってくるだけになった。

かつて真剣に夢中で走った。その経験が現在もいろいろ活きている。

①無駄なことは何もない。

ウルトラレースは長時間・長距離。当然、練習も長時間・長距離になる。「スケッチラン」も、練習メニュー「一日動きまわる日」に充てていた。

天候、体調の変化でさまざまなことが起きる。練習中に、トラブル回避の経験を積み、失敗も含めいろいろ体験しておく。無駄なことは一つもない。

↓　↓

失敗も無駄ではない。どうしたらよかったか？考えればいいだけだ。この考え方は人生を豊かにしている。

人生百年時代。まだまだチャレンジャーでいたい。守りには入りたくない。チャレンジには失敗はつきものだ。「出来ると思ったのにできなかった」それでいい。失敗にその後の人生がかかっている訳ではない。

スケッチラン

②気負い過ぎない。一歩でいい。無理と決めつけない

『気負い過ぎない』

失敗から学んだことの一つはこれだ。「ゴールしたい。さぁ～がんばるぞ～」その気持ちが大き過ぎるとプレッシャーになる。気持ちが萎縮する↓身体が動かなくなる↓増々気持ちが萎縮…と悪循環。　遠くのゴールを狙いつつも目の前のことに集中、「今」を楽しむ。さまざまなトラブルもその都度回避。その連続で前へ前へ。上手くつながればゴールできる。

『一歩でいい』

一歩が百歩になり一キロになる。一歩動ければ次につながる。とりあえず一歩出す。

『無理と決めつけない』

「もう無理だ　もうやめよう」と気持ちを切らすと、身体はすぐに動かなくなる。逆に身体は動かなくても気持ちを切らさないでいたら、身体は次第に回復し動くようになる。「動けない＝もう無理」ではない。気持ちと身体は別々だが、つながっている。

諦めるのは最後の最後。いろいろ試すも、どれをやっても上手く行かない。もう打つ手がない。頭を空にする。脳をだましリラックス。それでも無理…。そこまでやりつくした結果のリタイアは、納得がいくし、次に活かせる。

←　←

目標があったらその方向に一歩でも動く。スケッチランを始めようとした12年前、絵が描けなかった。それでも描きたいから諦めずに描き続け、今がある。

ランニングの世界25・26・27号の表紙を担当させていただいた。人が一斉に走っている「人物密集の絵」だ。

頭の中にある想像の空間を、何もない真っ白な紙に再現する。しかも苦手な人物だ。

「設定は？」「登場人物は？」「関係は？」「光は？」「差は？」描き出す前に考えるポイントだけでも、気の遠くなりそうな膨大な量だ。それを絵にするのは、さらに多くの作業と困難がある。

「はたして自分に描けるのだろうか？」25号がはじめての「人物密集の絵」だった。はじめから無理と決めつけない、とりあえずやってみよう！

描いては直しやっと下描き終了。色塗りはまた別の課題が満載。何日もかけて描き上げた作品に納得がいかず、また一から描き直し、やっとでき上がったのがあの作品だ。

この経験が、コロナシリーズに活きている。（ランニングの世界27号「コロナシリーズ「コロナよ収まれシリーズ12作品に込められた私の思い」。26号「たっぷりできたおうち時間で描きました」）

さらに、このコロナシリーズ「人物密集の絵」を描き続けたことが、その次につながった。

「富弘美術館詩画の公募展入選・入賞（2020年~2023年）」や「みどり市個展開催（2022年秋）」。そして「星野富弘いたばし花の詩画展」と「スケッチランのぐち個展10」を同じ板橋区成増で同時開催実現。（2023年秋）

また、コロナシリーズの一作品が板橋区民展で優秀

25号表紙制作

賞受賞（2021年秋）。それがきっかけで板橋区美術家連盟会員になり区内の大先輩方とつながった。（2023年秋）
水彩連盟選抜展（2023年秋）に、軍艦島の当時の様子を想像して描いた『島中　大家族（しまじゅうだいかぞく）』（140人の人物密集の絵）を出した。
前年受賞した軍艦島の嵐の絵『耐える』とは全く違う画風に、みなさんはじめは驚ていた。が、「こっちの方がいいんじゃない？」「あなたらしさが出てるね」と一部の方に認めてもらえ嬉しかった。楽しんで描き進められる「人物密集の絵」が、これからも続きそうだ。
無理と決めつけず粘って描き上げた25号の経験が「今」に活き「これから」にもつながっていく。

③今　自分にできることをやる

ランニング中、トラブル発生。「この状態で今、自分にできることは何か？」様々な経験から作った引き出しを、開けては試す。その時できること

バス乗車中

をやればいい。

　一人でできることには限界がある。が、たった一人でも、行動したら響く人にはつながる。可能性が広がる。「これは！」と思ったことは、いろいろやっている。

○「震災を風化させないための語り部バスツアー参加」（ランニングの世界25号）

　語り部さんの思いを受け、自分にできることは伝えること。乗車中のスケッチと語りをまとめ、個展の度に展示している。

○「みんなでコロナを吹き飛ばせ（参加者共同作品）」（成増　Patina Festival　2021年秋）

　コロナ禍、みんなの願いはコロナ収束。その思いをみんなで分かち合いたいと思い立ち、模造紙にみんなで描いた。「いつまで続くかわからないけど、みんなで乗り越えよう」というメッセージを受け止めてくださった方がいて嬉しかった。

みんなでお絵かき

○「桐生民話を広めよう」紙芝居づくり

　桐生東久方四辻の齋嘉で、3年前から個展をさせてもらっている。くつろげる空間が好きでよく出かける。

　ある日、地元「桐生さんぽ」さんとのおしゃべりの流れで、「民話をもっと広めよう！」と民話紙芝居を

紙芝居

作ることになった。桐生個展（２０２３年ＧＷ）と東京個展（２０２３年夏）に展示・披露した。

自分たちの住んでいる地域に伝わる民話を、一人でも多くの方に伝えられたら嬉しい。

次回の個展（２０２４年ＧＷ）に向け、第二弾製作中。

○「ウクライナろう者避難民の方にメッセージ送りませんか？」（成増　Patina Festival　２０２３年10月）

みどり市個展（２０２２年秋）、ウクライナからみどり市に来ているろう者避難民の方々とたまたま出会った。「東京にも応援している人たちがいることを伝えよう！」と思い立ち、ご協力いただける方にお手紙やメッセージを書いてもらい、その後の東京個展（２０２３年１１月）で展示。終了後、みどり市ろう者協会の方に郵送、避難民の方にお渡ししていただいた。

○「ばめんかんもくって知ってる？」ミニ絵本作成
東京個展（成増 Patina　２０２３年夏）

板橋かんもくコミュニティの方とつながった。「家ではおしゃべりできるのに、社会に出ると声が出せなくなり集団生活で困っている「場面緘黙症」の人がいることを広めたい。」とのこと。「私にできることは何かないか？」「ミニ絵本」を作成、その絵を担当。印刷・

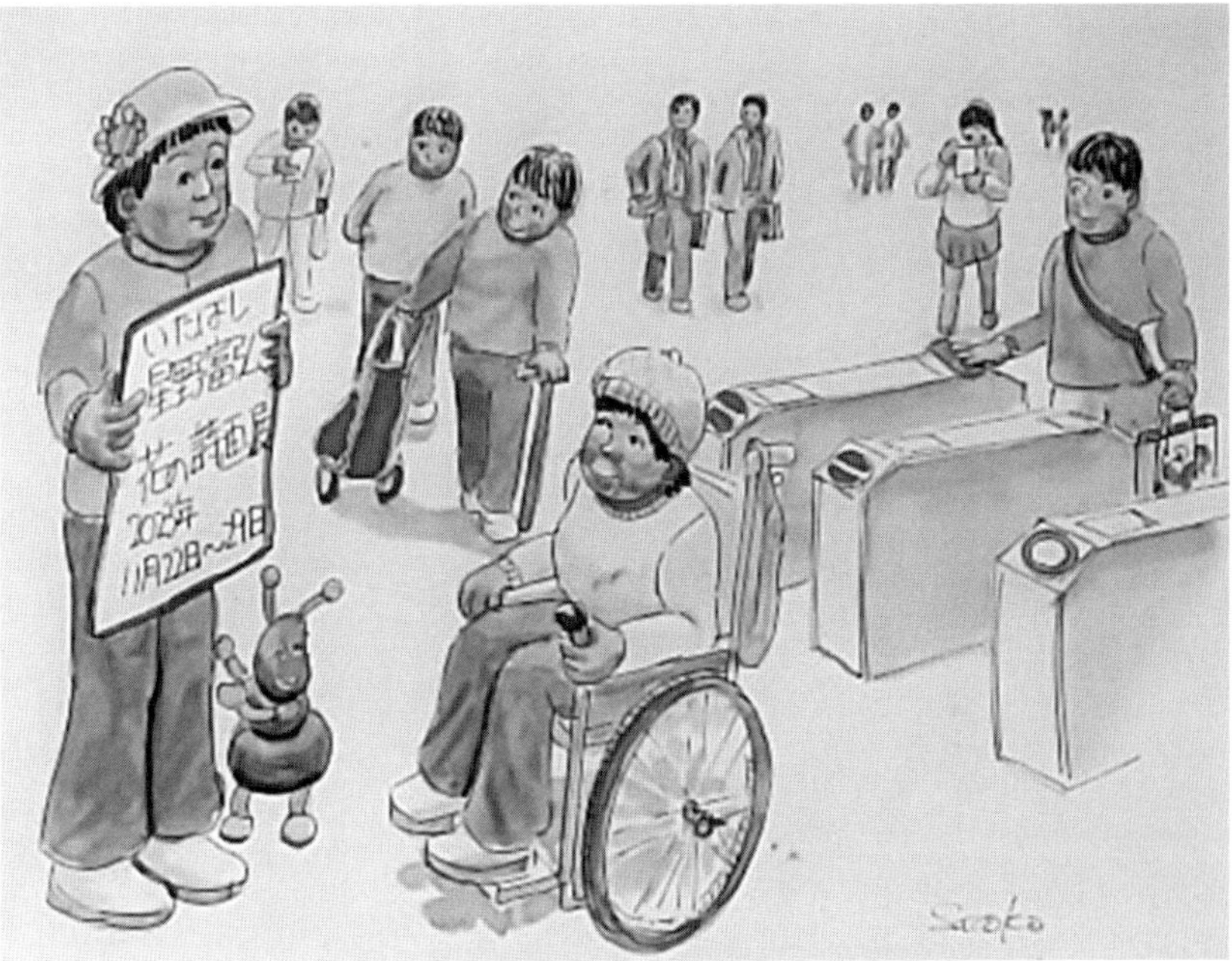

駅前ポスター持ち

製本のお手伝い、配布等協力させていただいている。

○星野富弘いたばし花の詩画展　（２０２３年11月）

　群馬県人にとっては富弘さんは特別の存在だ。その富弘さんの詩画展が板橋区であると知ったのは２０２３年春。「これは何かしよう！何でもしよう！」「富弘美術館を囲む会（ボランティアの会）」に入会。板橋開催パンフレット配布。搬入・搬出をスタッフの方に混じってお手伝い。展示期間中は　自分の個展開催までの一時間、成増駅改札前でポスター持ちご案内係。同時開催の個展（成増 Patina）は富弘さんの生まれ育ったみどり市の風景画約１００枚展示。富弘さんの本や絵ハガキも展示。みどり市の観光案内も配布。みどり市をアピールした。

　私にできることは精いっぱいやらせていただいた。

日の出スロージョギング

自分に出来ることをやり、人生を楽しみたい。時間がなければないなりに、歳をとったらとったなり…。

関節症等で無理はできなくなったが、動かせるなら走りたい。日の出スロージョギングを楽しんでいる。四季の移り変わりを肌で感じ、空の変化を楽しむ。世間の一日のスタートを見ながら周ってくると、しっとりとだが汗をかく。体調がいい。肩こりも解消される。一杯の水がおいしい。何と幸せなことだろう。

インスタグラムに絵をアップしています。
sketchrun（スケッチラン）
ここでのイラストもカラーで載せてあります。
ご興味ございましたらご覧ください。

ランナーズハイ、ランナーズカーム、ゾーン

佐々木誠　快体健歩代表・快体健歩療術院院長

消えた1周回（3・3㎞）

その稀なランニングを体験したのは２０２４年1月12日。東京都内は快晴で、気温12℃、湿度40％、風速は1ｍ／ｓと、寒がりの私でもほどほど速く走るには好条件でした。

都心でありながら豊かな緑と美しい景観の迎賓館・東宮御所に沿った３・３㎞周回コースは、一つの地下鉄出口と見通しに気をつけたい3か所の曲がり角はあるものの、人通りは少なく信号が無いので練習にはうってつけです。平坦が少なく2か所のアップダウンがあるのもお気に入りのポイントです。

その日のランニングのテーマはロングペース走です。1周目はウォーミングアップとしてキロ7分00秒から6分30秒へのビルドアップ走。2周目から6周目まではキロ6分～5分50秒のキープ走の計画でした。

このコースにおける同メニューの前回が、ウォーミングアップの1周回と5分40秒台の4周回でしたので、距離を1周回３・３㎞増やしたところがチャレンジに相当しますが、速さは一段階遅い設定です。

時計に目をやるタイムチェックは1㎞、２㎞とスタート・ゴールの3地点で、周回３・３㎞のラップだけをボタン操作で記録してゆきます。ＧＰＳをもとに算出される刻々の速度表示は誤差が出るので当てにしません。

各周回の状態と感想を順にたどってみます。

1周目はウィンドブレーカーを羽織ってスタート。ウォーミングアップが主目的ですから気象条件と体調

に神経を傾けます。ラップタイムは22分21秒（平均でキロ6分47秒）、「少し体が重め。思ったほど寒くない」といった感想。

2周目に入るところでサッと上着を脱いで給水を摂ります。メインの速度に入り、ペースと感覚に細心の注意を払います。私の場合は身体が暖まるまでに30分を要するのでペースを上げたこの2周目はキツく感じるのですが、ここを乗り越えれば安定してラクになることがわかっているので辛抱してクリア。周回ラップの平均速度も5分55秒と問題ありません。

ラップNo.	ラップタイム	平均速度(/1.0km)	平均心拍数(bpm)
1	22:21	06:46	123
2	19:33	05:55	159
3	19:36	05:56	170
4	19:40	05:58	166
5	19:31	05:55	165
6	19:47	06:00	167
7	19:19	05:51	164
total	2:19:47	05:59	159

計測されたデータ

3周目はだんだんと身体が軽くなってゆく実感にほっとしながら、逆にオーバーペースにならないように気をつけます。そして3周目を終えたところで予定の給水。

4周目、体調やアップダウンのペース管理も上手くできていることが確信できたので、リズムよく、ランニングフォームのテーマ変化を楽しみながら快走しますが、この4周目の記憶とした快走、心地良さが後に発覚する問題の焦点となります。

最終周回の手前の1周回は、ラスト1周のチャレンジが可能なだけの余力があるかどうかを、マイルールに照らし合わせて見極めます。

疲労と故障を回避する観点から、「計画していない頑張りはしない」、「クリアできる裏付けの無いチャレンジはしない」、「『かなりキツイ』のレベルには追い込まない」、「その先を計画どおりに走れないと感じた時点で潔く断念する」というのがマイルールです。

タイムも余力も全く問題ないと判断して、計画どおりの水分補給をしてラストの1周回に入ります。

さすがに慣れない距離に入り、タイムは計画どおりでも、ランニングフォームの微妙なばらつきとともに、「ややキツイ」と「キツイ」の間くらいの感じに

迎賓館・東宮御所周回コース

なります。それでも最終盤は、その日一番のフォームに立て直すことを意識してフィニッシュしました。

　マラソンレースにも出ていた20年前の走りには到底およびませんが、3年前からの病気を抱えながらも、これほどまでランニングを楽しめていることに、気分は上々でした。

　さて、心拍数が120未満になるまでダウンジョグ、ウォーキングバリエーション、水分補給、ストレッチといったクールダウンのルーティンを終えて時計を見て思わず目を疑いました。――トータルパフォーマンスの表示がなんと、計画より1周回3・3km多く7周・約23kmになっているのです。

　見誤りか、ボタンの操作ミスを疑い、表示モードを切り替えるなど何度も見直しましたが、やはり7周回走った記録が表示されています。

「1周回分の記憶が無い」――何が起こったのか頭の整理がつきませんでした。数日経っても疑問は消えず、気になってしょうがないので考察してみることにしました。

　実は、走っている最中の意識や感情、五感で得たものを覚えていないことは、それほど珍しいことではないようです。忘却のメカニズムは、特徴の無いことを忘れさせるのと、新しい記憶と古い記憶が似ているほど双方の干渉でどちらかを忘れさせたり、曖昧にさせたりします。

　ランニングは、ながら思考ができる代わりに行動が制限されて動作が単純です。したがって、トラックの周回走や、これといったテーマ、注意すべきことが無く淡々と走っている場合では、過ぎた道程における感覚や感情、記憶は次々に消えやすいと考えられます。

ただし今回は、周回コースとはいえアップダウンもある3・3㎞、幹線道路沿いですから単調とはいえません。キロ5～10秒内の精度での速度と身体状態に集中しながら走っていたので、結果的には誤りでしたが、各周回の感想、記憶が記述できるほど鮮明でした。「時計に表示されるラップ数とトータルの距離を確認していればこうした事態は起こらないはず。」と言われればそのとおりですが、老眼で時計の数字を見るのが大変なのと、心拍数と定点でのタイム以外は一切見ません。また、距離が明確な周回コースですからGPS機能によるオートラップのアラームも不要です。

ランナーズハイ

消えた1周回の正体・原因としてまず考えられるのがランナーズハイです。走っている最中に一時的に、短い時間で引き起こされる、喜び、幸せ、高揚、満足といったポジティブな感覚、感情の状態のことをさしますが、その要因は、筋肉疲労が溜まった後や、精神的に苦しい状態、いわゆる追い込んだ走りによって分泌されるエンドルフィンやエンドカンナビノイドといった神経伝達物質とされています。

実際のランナーズハイの多くの体験談に、「キツイ状態が続いた後に…」というのがあります。これらの神経伝達物質は脳内麻薬とも言い換えられます。ランナーズハイという言葉とその語感からも、頑張った先に突き抜けてたどり着いた境地のようなイメージもあります。

ランナーズカーム

ランナーズハイとたまに混同される状態として、穏やかで心地良く、どこまででも走れそうな感覚があります。会話ができるくらいの速さで長く安定した走りを続けている時に訪れやすく、マインドフルネスとランニングの融合状態という解釈もあります。こちらの脳内神経伝達物質はセロトニンやドーパミンで、低い強度の比較的単調な有酸素運動によって分泌される点でランナーズとハイとは異なります。

この状態を表す言葉は、日本では見当たりません。この場ではランナーズカーム（Runner’s Calm）という造語を充てることにします。

　私の消えた1周回の話にもどりますが、ラストの6周目は自身の最大心拍数の80％程度まで上がりましたが、「キツイ」以上に追い込んだ感じはありません。かといってどこまででも走れそうな速度よりはキロ1分も速く、仮にも会話を楽しむほどの余裕もありませんでした。

ゾーン

　高揚、意欲といったポジティブな精神状態ではありましたが、発生条件の観点からもランナーズハイやランナーズカームではなく、スポーツ心理学でいうところの「ゾーンに入った」ということが当てはまりそうです。

　ゾーンとは、極限の集中状態で高いパフォーマンスを発揮している時にあらわれる心理状態で、「フロー」と呼ばれることもあります。スポーツに限らず、芸術や仕事、日常活動においても起こり、自我意識の低下と、時間の感覚を失うこともあるとされています。経験談には、「対戦相手やボールが止まって見えた」、「気が付いたら時間が経過していた」、「全く疲労感が無かった」といったものがあります。

　私の消えた1周回では、時間の感覚が薄らぐとともに実際の7周回のうちの4周目と5周目のどちらかを無意識で走ったか、記憶が混同されてしまったと考えられます。

迎賓館の前を走る筆者

　ゾーンに入る一番の要件は、好きでやっているということと、リラックスしているということで、最も顕著な状態では集中力が増幅して周囲の環境や外部の干渉に惑わされることのない、完全な没頭になります。

　私のランニングは競技としての目標がないので、やっていることはトレーニングと同じですが、スタンスとしては遊びです。ランニングフォームと身体感覚とパフォーマンス（距離と速さ）の三要素で構成されるゲームはこの上なく面白く、没頭してしまうという点で発生要件に合致します。

消えた1周回の原因・正体としてもう一つ、若年性認知症の可能性が考えられますが、その検証はしていません。むしろ、有酸素運動をしながらタイムの計算をしたりフォームのあれこれを考えたりするマルチタスとして認知症予防になっていることを評価したいと思います。

Runner's Happiness

ランナーズカームという造語を作らせていただきました。ランナーズハイよりもむしろ多くのランナーが体験していると思われるこの状態は、ランナーズハイとの比較や両方の正しい理解をもって、指導や啓蒙のテーマとして取り上げる価値があると思います。

ランナーズハイは運動の継続や、また走りたいというモチベーションとして機能する生理的な反応であり、ゾーンは個人の能力を最大限に引き出して、創造的かつ効率的なパフォーマンを実現させる心理状態です。どちらもスポーツにおいてはポジティブな状態で望ましいものですが、「そこを目指す」とか「そうなる方法を教える」ということには違和感を覚えます。

目指すのはあくまでパフォーマンスの指標、数値や体得、勝利であることが自然です。生理的な反応や心理状態を追い求めていては、スポーツ本来の楽しさが遠ざかってしまう恐れがあります。

また、ゾーンの理解として抑えておきたいことは、パーソナルベストや勝利という結果とは無関係であるということです。スキルや経験は関与しますが、すべてのランナーの、毎回のランニングにその可能性があることを意味します。

ランナーズハイ、ランナーズカーム、ランニングにおけるゾーン――これらは、良いランニングの必要条件ではありません。楽しく主体的に、良好なコンディションで無理の無い範囲で走っている時に偶発的に下りてくるものであり、ランナーだけが享受できる健康、自己肯定、幸福の証です。

おおらかに様々に走る

北島政明　市民ランナー

楽しく走るための「走る」とはなんだろう

　あかんぼうの私がはいはいする、幼児になってよちよち歩きを始める、子どもになると駆け回り、青年時代には突っ走る。中高年となるとゆっくり走ることを覚え、老境に入って歩くことを再発見する。走ることと歩くことは人の一生の中で常に変遷を続け、同じ動作同じ感覚に固定されることはない。走・歩はその姿を変えてゆくもの、本来多様なものだった。

　とは言え、はいはいが、よちよち歩きが、あるいは歩くことがランニングかと問えば、普通は違和感を覚えるだろう。それでは、どれがランニング（走り）であってどれはそうではないのか。走ることの定義はあいまいだ。便宜的に用いられている定義らしいものは走りをメカニカルに捉えている。例えば、オックスフォードの辞書（Oxford Languages）には、「move at a speed faster than a walk, never having both or all the feet on the ground at the same time.」とあり、Wikipedia には、「人間は二足歩行をするとき、〈中略〉、両足が同時に地面に接する瞬間が無いような移動のしかたを「走る」と言う」とある。また、言わば「走ってはならない」競歩では、両足が同時に地面から離れた状態がロス・オブ・コンタクトの違反とされている。これらの定義に照らせば、はいはいはおろか、よちよち歩きも、普通歩行も、走りには該当しない。

　しかし、私たちの目的は走りを厳密に規定し、該当しないものを排除することではない。ランニングの多様性というときには、その背景に「楽しく走る」ことを大切に捉える基本的姿勢があることを忘れないでいたい。走りの概念を安易に狭く捉えることは、「楽しく走る」ことの追求に資することにはならないだろう。

走りに変化を及ぼす要因は年齢だけではない。性差や心身の障がいを含む生物学的要因もあり、病気や怪我や高齢化によって二本足歩行の前提が困難な場合もある。社会的経済的要因もあるだろう。走り歩くために松葉杖や車椅子、義足などを必要とする人々にも「楽しく走る」機会は等しくあって然るべきだ。私は、メカニカルな定義を超えて、「走り」をもっと広く緩やかに捉えたい。それはランニングの多様性を考えるうえでの前提となるものであり必要なことだと思う。

ぼうやも走る？

ランニングと自由な遊びのなじみやすさ

私が子どもだったころの遊びは単純だった。かけっこ、鬼ごっこ、かくれんぼ、文字通りころげまわって遊んだものだ。こうした遊びは単純すぎてすぐに飽きてしまっただろうか。そんなことはない。子どもだった私たちは、遊ぶ場所や時、そのときに居合わせた仲間に応じて様々な工夫を加え、ときにはルールをも自在に変えて遊んでいた。それは何ものにもとらわれることのない創意工夫の喜びだったと思う。単純であった遊びは自分たちで自由に創造することができた。

ランニングは基本的に前へ進むだけの単純な運動だ。私たちがその辺りを走り回っている分には、他の多くのスポーツのような複雑な動きとは縁遠いし詳細なルールに縛られることもない。考えてみれば子どものころの遊びになんと似ていることだろう。走っているときの私の心持ちは、まさに遊んでいる子どもそのものだ。駆ける、歩く、立ち止まる。すっ飛ばし、のんびり巡航し、自然を街を人を五感で感じ取る。気に入った光景を写し撮り、走りながら低く口笛を吹き、走り終えればその日の思い出を句に詠んで留めておくこともある。

単純であるからこそ、ランニングはいかようにも料理して味わうことができる。その多様性は走り方（how）だけではない。広く緩く捉えた走り（what）ならば、いかなる人でも（who）、いつでも（when）、どこでも（where）、走る動機づけもさまざまであって（why）一向に差し支えない。このとき、その多様性は誰かが作って提供してくれる定食メニューの豊富さではないことにだけは気をつけよう。自分自身で創り出してこそ様々に味わうことができる。一人ひとりがおおらかにそして自由に走りを創っていく過程がそれぞれの走る楽しさに結実していく。そうした姿がランニングの多様性の実相ではないだろうか。

一人ひとりが自由に楽しさを創り出すことができるのは、ランニングの本質が遊びであることと密接に関係している。遊びであることがランニングの多様性の基礎を支えていると言っても良い。多くの先人たちも同様の指摘をしている。Runner's World 誌のコラムニストにして走る哲学者と呼ばれたアメリカのジョージ・シーハンは、「ランニングは遊びだ、もう一度子どもに還ることなのだ」と言っている（注1）。1970年代にいち早く有酸素運動の重要性を指摘してゆっくり走による健康増進を唱えたドイツの医師ファン・アーケンは、「子どもたちの遊びは、長距離以外の何ものでもない」と指摘した（注2）。オーストラリアで多数の優れた長距離走者を育てたパーシー・セラティも、「ランニングに向き合う姿勢は、大人の遊びであるべきだ」と述べている（注3）。

日本語の遊びには、遊び半分、遊び人などといった否定的なニュアンスもあるが、遊びは本来人間の自由な意志の為せる技であり、例えば、新天地に学びを求めることを遊学と言うように、心のゆとり、豊かさを表す言葉だ。人間の本質をホモ・ルーデンス（遊ぶヒト）と呼んだオランダの文化史家ヨハン・ホイジンガは、「人間文化は遊びのなかにおいて、遊びとして発生する」と述べ、遊びの第一要件は自由な意志に基づく行動であることだと主張した。

単純であるがゆえに楽しさを創り出して多様な姿を持つことができるランニングは、人間の本質を反映した自由な遊びに親和性が高いと言えるように思っている。

走らされるのでなく自分で走ることが多様性につながる

私が中学校で初めて運動部の部活動を経験した頃には典型的な根性論が根強くて、毎日学校敷地の外周を走らされていた。体力づくりの意味があったとはいえ、それは先輩から命じられるままに走らされていただけのことだったので、ランニングとの出会いはあまりうれしい出来事ではなかったように記憶している。

「楽しいランニングのススメ」（２０１１）のあとがきで、山西哲郎氏は、「走らされるのではなく自分の意志で走る人ならば誰しも楽しさを感じ、いろいろな楽しさを創っていける」（一部字句修正）と述べている。今日、自分がだれかに走らされているという意識を持っている人は限られるかもしれないが、私たちは本当に「走らされている」のではないと言えるだろうか。

日々ランニングの大会やネットや書籍などから溢れる多くの情報に接していると、必ずしもそれらを理解し咀嚼しきれないままに私たちのランニングへの思いが形作られてしまうことがある。そのような中でどれが自分の思いなのかを見極めることは案外簡単なことではない。例えば、著名な大会などの華やかな場でトップランナーが競走する姿には観ていて心躍るものがあるだけに、ともすると競技者ではない私たち市民ランナーまでが自らの姿を彼らに重ねてランニングを競技、競走の視点から見過ぎてしまう嫌いもある。こうしたことは、私たちがランニングを固定的な観念で捉えることに繋がりかねない。ランニングの持つ多様な姿の中の一面にすぎない考え方に引きずられて日々のランニングを見てしまうならば、せっかく自由な遊びを創造できるランニングを狭い世界に閉じ込めてしまうことになる。自らの意志で走っているというよりも「走らされている」姿になっているのではないだろうか。

私たちは、日常生活の中で楽しく走り歩くことを愛する自分たちの素朴な世界をよく見つめ直し、本当に自分の意志で走ることによって「誰しも楽しさを感じ、いろいろな楽しさを創っていける」世界に遊びたいものだと思う。ランニングの多様性は一人ひとりのこうしたところから始まるのだと私は信じたい。

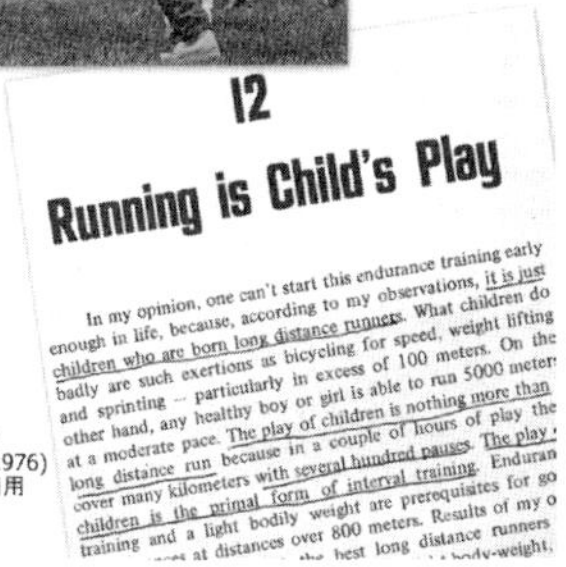

12

Running is Child's Play

In my opinion, one can't start this endurance training early enough in life, because, according to my observations, it is just children who are born long distance runners. What children do badly are such exertions as bicycling for speed, weight lifting and sprinting -- particularly in excess of 100 meters. On the other hand, any healthy boy or girl is able to run 5000 meter at a moderate pace. The play of children is nothing more than long distance run because in a couple of hours of play the cover many kilometers with several hundred pauses. The play children is the primal form of interval training. Enduran training and a light bodily weight are prerequisites for go at distances over 800 meters. Results of my o the best long distance runners body-weight,

Van Aaken Method
Ernst van Aaken (1976)
から引用

子どもが遊ぶように走りたい

【注】

（注1） Running is play. It is being a child again. I would go out on the roads and get lost in a child's world. I ran short and fast, I ran long and slow. I was having fun because my body was having fun. I was enjoying running because my body was enjoying running. And while this was happening, my body became better and better at running. Without consulting a book or an expert, I became fit. Even better, I became an athlete. George Sheehan, "Running to Win" (1992); "The Essential Sheehan" 収載

（注２） it is just children who are born long distance runners. 〈中略〉 The play of children is nothing more than a long distance run because in a couple of hours of play they cover many kilometers with several hundred pauses. The play of children is the primal form of interval training. Ernst van Aaken, "Van Aaken Method" (1976)

（注３） If we turn to a study of the child - his fundamental movements- any runner, if he has the seeing eye, can see how to run: even to what point he can train, since children will 'play' until exhausted. Our athleticism must be, and should be, adult 'play'. Percy Cerutty, "ATHLETICS: How to Become a Champion" (1960)：山西哲郎氏は「楽しいランニングのススメ」（２０１１）あとがきの中でセラティのこの言葉を紹介している。

（注４） Run gently, run long: The follow-up to Long Slow Distance, five years and one surgery later, Joe Henderson (1974) ［優しく走る、永く走る - ＬＳＤ５年後のフォローアップ：部分邦訳は https://rakusouplusblog.blogspot.com/（楽走プラスの楽走の本棚）］

早野忠昭（はやの　ただあき）
１９５８年生まれ。長崎県出身。１９７６年インターハイ男子８００m全国高校チャンピオン。筑波大学体育専門学群卒業後、高校教諭、アシックスボウルダーマネージャー、ニシ・スポーツ常務取締役を歴任。

山西哲郎（やまにし　てつろう）
群馬大学名誉教授。本誌の1号から今日までの編集主幹。80歳を超え、ランニングはスロージョギング。自転車ならば30キロ以上を快走している。

キヤマナミ
水や苔などの写真を撮っていたが、２０１４年からランニング大会の撮影を始め、以後トレラン撮影を中心に活動。今では自らカヤックやナビゲーションスポーツをはじめている。

安田淳（やすだ　あつし）
学生時代はサッカー、バスケなどをしていました。今は単身赴任先でゆる〜くジョギングをしながらたまに写真を撮っています。

若岡拓也（わかおか　たくや）
石川県出身、２０１４年にランニングと出会い、アマゾン川の支流を走るジャングルマラソンを皮切りに、砂漠や南極、山岳などのランニングレースに出場している。２０２１年には、約60年前に行われた「日本山脈縦走」を再現するため、山口県から青森県までを踏破。23年に北海道・羅臼岳から鹿児島・開聞岳までを山々をつないで走る「日本列島大縦走」を果たした。

寺垣内航（てらがうち　わたる）
日本オリエンテーリング協会会員。現在、ヨーロッパ大陸を中心にオリエンテーリングの遊学中。

岡本隆之（おかもと　たかゆき）
ランナーであるとともにオリエンテーリング競技者。

村松達也（むらまつ　たつや）
80年代より、世界各地のトライアスロン、ウルトラマラソン、トレイルランに出場。２０００年以降は世界各地の巡礼路やロングトレイルを単独で走る。村松葡萄園（ワイン・ぶどうの栽培）園主。

吉田光広（よしだ　みつひろ）
元高等学校、特別支援学校教諭。東京教育大学で山西哲郎氏より指導を受け、「楽しく走る」をモットーに取り組む。埼玉県障がい者陸上競技連盟の立ち上げに尽力。前埼玉県障がい者陸上競技協会会長。

渡部真秀（わたなべ　まさひで）
東京電力入社後、リハビリとして始めたランニングに夢中となる。38歳でフルマラソン2時間36分03秒のベストタイムを記録。パラスポーツへの関りは視覚障害者のガイドランナー。その後、埼玉県障がい者陸上競技協会の立ち上げに尽力、現在協会副会長兼事務局長。２０２３年9月よりユニバーサルスポーツクラブ with-W の代表となる。

大貫映子（おおぬき　てるこ）
フリーランス水泳インストラクター。楽に長く泳ぐことや、海を楽しむ水泳教室／サークル「海人（うみんちゅ）くらぶ」主宰。１９８２年早稲田大学在学中にドーバー海峡33キロ横断泳に成功（日本人初公認記録）。カプリ島〜ナポリ間33キロ水泳レースをはじめ、下田〜大島間（42キロ）泳など国内外のオープンウォーター水泳、海峡横断を経験。

降旗弘一（ふりはた　こういち）
静岡大学文理学部卒、商社勤務。40歳以降各地の大会に参加。25回のマラソンで5回サブスリー。九州や本州横断走、奥秩父山系縦走、九十九里浜単独往復走。「佐倉朝日健康マラソン」創設メンバー。自然体験塾会員。自選作品集「記憶の空に」。趣味は詩歌・絵画・クラシック鑑賞と卓球。

梅津定一（うめず　さだいち）
50年以上走る人生ランナー、農村地帯の田園を80歳を超えても走り続ける。２０２４年の青梅マラソン10km完走。ヨガ教室にも通っている。

外園イチ子（ほかぞの　いちこ）
主婦でありながら70年代の名ランナー。第一回東京女子マラソンでは2時間53分台で2位、ヨーロッパの大会でも活躍。

油井孝男（ゆい　たかお）
若いころからスマートなランナーで今でも変わらぬ万年青年。

衣川悦津子（きぬがわ　えつこ）

パート勤務。私が走る事を理解して応援してくれて、快く大会に送り出してくれる主人とふたり暮らし。人と触れ合う時間が長いウルトラマラソンとアップダウンコースが大好きなので、埼玉県「奥武蔵ウルトラマラソン」に参加を続けていたところ、２０２３年第30回大会で、20回以上完走するともらえるゴールドゼッケンを着けて楽しく完走することが出来ました。

森聖子（もり　せいこ）
電通で主に役員周りの渉外業務を担当。早期退職後、全く別のことで人のためになりたいと、ペットを失くした飼い主に寄り添う「ペットロスカウンセラー」を始める。ランニング以外にもゴルフ、弓道、乗馬、声楽、書道、旅行、など趣味多数。昨年東京から鎌倉に転居し、歴史にあふれ、海や山や緑といった自然に囲まれた生活を満喫中。

間むつみ（あいだ　むつみ）
１９８５年のホノルルマラソンツアーがきっかけでランニングにハマり、山西先生に出会い自然体験塾に参加。妊娠、出産、故障、復活、故障再発する中でも細々とながらなんとかランニングを継続。製薬会社を早期退職し、鍼灸を学び、現在は家業の農業と、出張鍼灸施術業を兼務。

西村かおる（にしむら　かおる）
職業は排泄を専門とするナース。おいしく食べて、気持ちよく出して、楽しく動いて、ぐっすり眠って、笑う幸せを、自分にも人にも目指してケアを創造中。この15年近くは、特に腸内細菌叢に注目して日常生活も仕事も実践してきたので、世の中に腸活ブームが来てとても嬉しがっている毎日である。

八塚英嗣（やつか　えいじ）
ランニングの世界・友の会幹事。ウサギランニングクラブ、代々木公園伴走伴歩クラブ会員（バンバンネームはポヨマヨ）、チーム晩飯後メンバー。走力とお肌のハリは右肩下がりの市民ランナー。座右の銘は「雪に耐えて梅花麗し」苦労なくして栄光なし。

加川雅昭（かがわ　まさあき）
ランニングを始めて14年、自然流ランニングの山西イズムに感化されて9年、俳句づくりを始めて24年。自分が自然の一部であることを実感し、感じたことを言葉に残し他者と共有することを大切にしている。

福田由実（ふくだ　ゆみ）
編集者・ライター。出産後の体力低下と両親の介護体験から、足腰を鍛えるべく走り始める。その後テニス愛にハマるが、ランニングがすべての基本と再認識。ラン愛を再びたぐり寄せ、テニス技術向上と健康寿命を延ばすために走っている。今春からマスターズの短距離走にチャレンジの予定。

河合美香（かわい　みか）
千葉県市立船橋高校、またリクルートにて故小出義雄氏（女子マラソンの有森裕子、高橋尚子選手らを指導）に指導を受ける。国体、インターハイ、インカレの３０００ｍで優勝。最年少の17歳にて大阪国際女子マラソン出場など。現在、アスリートから市民ランナーまで幅広くトレーニングと栄養をサポートしている。ランニング学会常務理事ほか。ランニング学会のプロジェクト「女性ランナーの諸問題」の代表。

野口智子（のぐち　さとこ）
動のラン　静の絵　両方楽しみ　充実した人生を送っている。実家のある群馬に行く回数がだんだん増えてきた。動いていると不思議なくらい輪が広がる。出会いを大切にし、その時に出来ることを精いっぱい楽しみたい。

佐々木誠（ささき　まこと）
快体健歩代表・快体健歩療術院院長。整体師、オーダーメイドインソール職人、東京陸協公認審判員医務スタッフ、ランニング学会認定指導員。ランニング指導、障害の対処と予防、オーダーメイドインソールで市民ランナーをサポート。同志社大学卒。東京整体医学院講師を経て現在に至る。

北島政明（きたじま　まさあき）
一生を楽走すると決めている。走って五感を研ぎ澄まし、人、土地、自然との出会いをカメラで写し撮る。いつしか60代もあと数年となり体力の衰えを自覚しつつもますます楽しく豊かに走っている。

【編集後記】

▼令和６年の今年、正月早々に能登半島を襲った地震・津波と火災。知っている誰もが思い出したのは、阪神淡路、東日本を襲った地震火災津波の場面だったではないでしょうか。今回執筆してくださった若岡拓也さんの実家は石川県、お母さんの実家が被害に遭われたそうです。被災されたランナーも多いのではないでしょうか。誰しも、幼い時に見た風景や自分を育ててくれた町や人には、特別な思いがあるでしょう。それらを一瞬で破壊してしまう脅威に愕然としたことは忘れられない記憶として残っています。洪水の水が引いた家屋の臭い、焼け落ちた跡の焦げた臭い、臭いの記憶はいつまでも残ります。福井県でレストランとランナー向け補給食を手掛ける青年は、ＳＮＳで食材の寄付を呼びかけ、能登方面で何度も炊き出しを行っています。岡山では、東日本震災以来継続している月例のチャリティランを開催しているチームが、一月から能登半島地震火災への募金を中心に呼びかけています。ランニングの世界12号では「大震災を超えて走る」をテーマにしています。私たちに何ができるか、もう一度できることを考えてゆきたいと思います。（村松達也）

▼旅先では夜明け前にスタートして少しずつ明るくなっていく時間に走ることにしています。そんな旅ランにはたくさん魅力があります。まず、人がいなくて混雑していないことです。観光客がいない神社仏閣で神々しい世界を独占できます。また、朝のお勤めの僧侶に出会うこともあります。通勤時間前のビジネス街は喧騒を前にまだ眠っています。そんな非日常の世界を体験できるのです。次に、効率よく街の顔を見ることができるのも旅先ランの魅力です。交通機関の時間を気にすることなくオープン前の有名な店舗に行ってみたり、港に帰ってくる漁船に出合ったりします。移動時間などで限られた旅先の時間のなかで、少し欲張って行動するのは楽しいものです。そして、温泉なんかで汗を流していただく朝食は格別で、地場の名物などもおいしく味わえるのですが、少しでも走っていれば「こんなことしていて大丈夫か？」という罪悪感から逃れることができます。朝からビールなんて飲んじゃうのも許される気がします。ワッカ原生花園をユルランしながら、かつて走ったサロマ湖ウルトラマラソンを回想したり、若き日の唐木市兵衛が修行した興福寺の伽藍を見上げたり、妙高高原の田園風景に収穫の秋を見つけたこと、人影のない冬の奥入瀬渓流の雪の回廊に踏み入れたことなど、少し早起きして走ったご褒美だったと思っています。（八塚英嗣）

▼毎年郷里の福岡を訪れて両親や祖父母の墓参りをしています。その度に懐かしい故郷のどこかを選んで走ってくるようになりました。長く過ごした故郷なのに、自分の足で走り巡ると福岡の良さが今更のように目について、もっと自分の郷里を知っておけばよかったと後悔の念に駆られます。昨年末に訪れたときには、福岡県と佐賀県の境界にある脊振山地の三瀬峠を往復してきました。学生時代に井原山や金山などにはよく登り、渓流の水がおいしい山でしたので水を味わいに山へ行く感覚でした。友人数名と沢登りをして源頭から尾根に至り、尾根伝いに三瀬峠に出たこともありました。三瀬峠への道は、今ではトンネル貫通道ができていて多くの車はそちらを通るのですが、私は当時のくねくねとした旧道をえっちらおっちら走り上って行きました。当時の面影を探しながら走るのは、きつくとも楽しい時間となりました。復路途中から金山登山口のある坊主ヶ滝へ分岐して寄り道してみると、数年前に走ったときに坊主ヶ滝までを案内してくれた白犬と驚きの再会もありました。知らぬはずはないのに知らなかったと知った故郷でのランニング。きっと次回もどこかを選んで走ります。（北島政明）

ランニングの世界29

初版第一刷発行　２０２４年４月１日

編　者　山西　哲郎
発行者　鴨門　裕明
発行所　有限会社　創文企画
〒１０１-００６１
東京都千代田区神田三崎町３-１０-１６
田島ビル２Ｆ
ＴＥＬ：０３-６２６１-２８５５
ＦＡＸ：０３-６２６１-２８５６
ＨＰ：http://www.soubun-kikaku.co.jp/
［振替］００１９０-４-４１２７００
印　刷　壮光舎印刷株式会社
表紙デザイン　横山みさと（ツー・スリー）
ISBN978-4-86413-189-6 Printed in Japan